AF140028

DAS SPIEL MIT DEM TOD

Lui Demmler

Bibliografische Information der Deutschen Nationalbibliothek:
Die Deutsche Nationalbibliothek verzeichnet diese Publikation in der Deutschen Nationalbibliografie; detaillierte bibliografische Daten sind im Internet über http://dnb.dnb.de abrufbar.

3. Auflage
© 2019 Lui Demmler
alles-und-nichts.net

Umschlaggestaltung, Fotografie und Satz: Lui Demmler
Lektorat und Liebe: Maze, die für mich immer Mel bleiben wird
    Ich danke auch meinem Vater für die umfassende Zweitkorrektur
    Ebenso danke ich Risch Hart R. Steppenwolf für seine Anregungen

Herstellung und Verlag:
BoD – Books on Demand, Norderstedt

ISBN: 978-3-7357-4112-7

eins

1

«Nikos? Bringst du bitte den Müll raus?»

«Ja! Bin auf dem Weg!»

Ich sitze am Computer und bin eigentlich gerade am Schreiben. ‹Eine Geschichte oder einen Roman, so etwas will ich mal schreiben›, dachte ich noch vor zwei Stunden und fing damit an. Bis jetzt habe ich nur Kurzgeschichten geschrieben, weil ich immer ab einem bestimmten Punkt nicht mehr weiter komme. So in etwa wie jetzt. Es ist schon eigenartig. Obwohl ich es in der Hand habe. Ich kann entscheiden wie die Geschichte weitergeht und enden wird. Doch es fällt mir immer schwer weiterzuschreiben und ein gutes Ende zu finden. Und man sollte alles nicht so in die Länge ziehen, denn dadurch wird die Geschichte uninteressant und man verliert die Lust am Lesen. Ich komme also mal wieder nicht weiter und denke mir, ich könnte auch genau so gut den Müll rausbringen.

Auf dem Weg in die Küche fängt mich meine Mum mit den Müllsäcken ab. Eine unscheinbare Frau, Mitte 30, dunkelbraunes, schulterlanges Haar. Von außen wirkt sie wohl wie eine normale Frau eben so wirkt, die versucht nicht allzu sehr auf der Straße aufzufallen. Dadurch macht sie sich zu einer von vielen und geht zwischen all den anderen unscheinbaren Frauen unter. Das strahlt sie auch aus. Leider, denn gewöhnlich ist sie für mich gewiss nicht. Ich bin froh, dass sie nicht so streng ist wie andere Mütter und dass wir daher ein recht lockeres Verhältnis zueinander haben. Mit ihr könnte ich auch über alles reden, was mich beschäftigt. Da bin ich mir sicher. Sie würde sich meine Probleme anhören und mich nicht abschieben, weil sie keine Zeit hat. Ich glaube, so ein Verhältnis ist heutzutage recht selten.

Doch diesmal wirkt sie selbst besorgt. Als sie meinen interessierten Blick bemerkt, lächelt sie und schüttelt den Kopf. Die Sorge jedoch steht ihr immer noch ins Gesicht geschrieben und als sie auf das kleine Tischchen im Gang deutet, auf dem immer die Post liegt, ahne ich, woher dieses Unbehagen kommt.

«Ein Brief. Von deinem Dad», meint sie mit belegter Stimme.

Mein Vater hat meine Mum und mich vor acht Jahren verlassen. Jetzt bin ich 17 und er schreibt mir immer noch Briefe, die ich nie beantworten werde. Meine Mum hat keinen Kontakt mehr zu ihm und ich denke, ich sollte auch keinen anfangen. Ihr zuliebe. Wegen einer anderen verlassen zu werden, musste ziemlich hart für meine Mum gewesen sein. Ich stelle es mir zumindest so vor, denn ich hatte noch nie eine Freundin und bin auf diesem Gebiet ein absoluter Beginner ohne jegliche Beziehungserfahrung. Mein bester Freund, den ich schon mein Leben lang kenne, auch nicht. Jetzt warten wir beide ab, wer zuerst eine Freundin bekommt.

Frauen meinen wohl, dass wir die Initiative ergreifen sollen. Zumindest steht das in den Frauenromanen, die meine Mum liest. Ich lese sie auch, aber nicht direkt vor ihren Augen, sondern heimlich. Denn trotz unserem offenen Verhältnis gibt es so einige Dinge, bei denen es mir unangenehm ist, wenn ich mir vorstelle, mit ihr darüber zu reden. Ich möchte durch das Lesen zum Beispiel selbst herausfinden, was Mädchen so denken, um sie besser zu verstehen. Bisher bin ich jedoch nicht wirklich schlau daraus geworden und frage mich immer mehr, ob das wirklich die Realität widerspiegelt, was ich da so lese.

Ich nehme meiner Mum die Last ab und gehe vor die Tür, den schmalen Weg vor unserem Haus entlang. Mir fällt sofort auf, dass in der Luft etwas Eigenartiges liegt. Es ist schwül, als würde es bald anfangen zu regnen. Die Abfalltonne steht bereits vorne am Bürgersteig und wartet auf ihre Leerung am nächsten Morgen. Ich hebe ihren Deckel an und quetsche noch den Rest hinein, der gerade noch so reinpasst. Irgendwie beruhigt es mich, dass ich zumindest etwas für heute erledigt habe. Als ich wieder umkehren will, um mich wieder meiner scheinbar nie endenden Geschichte zu widmen, bleibe ich allerdings ruckartig mitten in meiner Bewegung stehen. Von einem Haus gegenüber hört man Geschirr zerbrechen und Schreie. Gebannt von dem lauten Krach vergesse ich alles um mich herum. Sogar, dass ich eigentlich nur den Müll rausbringen sollte.

Nach einem sehr lauten aber unverständlichen Wortwechsel, der aus dem Nachbarhaus dringt, wird es plötzlich wieder still. Eine Stille, die alles verschluckt. Dann wird sie zerrissen von einem lauten Knall, als wäre etwas umgefallen. Eine Ewigkeit, wie es scheint, hört man nichts außer hysterischem Schluchzen. Ich stehe immer noch da und starre auf das entsprechende Haus ohne wirklich bewusst etwas wahrzunehmen oder zu denken. Erst als ich merke, dass eine Sirene ertönt und immer lauter wird, reiße ich mich von dem nichtssagenden Anblick los und fixiere jetzt die Richtung, aus der wohl der Krankenwagen kommen wird. Der Ton wird immer lauter und rückt näher, bis der Wagen vor mir auf der Straße hält. Ich stehe nur da und warte ab. Bevor mich die Ahnung überkommt, dass etwas Schlimmes passiert sein könnte, geht die Tür gegenüber auf. Ich gehe unbewusst ein paar Schritte nach links und lehne mich etwas vor, damit ich sehen kann was passiert ist.

Die Sanitäter rennen mit einer Trage ins Haus und kommen mit einer Frau darauf heraus. Ein Mann steht in der Tür und redet mit einem von ihnen und einer Person, die ich nicht sehen kann, da sie anscheinend im Haus ist. Auf einmal gestikuliert er wild mit seinen Armen, sodass der Sanitäter ihn festhalten muss. Sie scheinen zu diskutieren. Ich bekomme jedoch nur einzelne Wortfetzen davon mit.

«So beruhigen Sie sich doch...»

«Wenn ich es Ihnen doch sage... ein Unfall...»

Ich sehe, wie der Mann ins Schwanken gerät. Anscheinend ist er betrunken. Ob es einen Streit gab und er seine Frau attackiert hat? Das kurze Gespräch scheint beendet und der Sanitäter macht sich auf den Weg zurück zum Wagen. Der Mann, den ich noch nie zuvor gesehen habe und der offenbar mein Nachbar ist, rennt ihm hinterher. Anscheinend will er mitfahren. Als der Krankenwagen dann mit lautem Getöse davonfährt, werfe ich einen Blick zum Hauseingang gegenüber, wo nun niemand mehr zu sehen ist. So unauffällig wie möglich laufe ich über die Straße, doch hinter mir geht die Tür auf und meine Mum ruft mich: «Nikos, was machst du da draußen? Es gibt Abendessen!»

Leider muss ich umkehren. Ich hätte zu gerne gewusst, was dort passiert war.

2

Ich liege im Bett und denke nach. Vielleicht war es nicht so. Ich habe nichts gesehen, kann nichts beweisen. Vielleicht war da ja auch wirklich nichts. Meiner Mum habe ich es verschwiegen. Sie hat auch keine Fragen zu dem Krankenwagen vor dem Haus gegenüber gestellt, obwohl sie ihn gesehen oder zumindest gehört haben muss.

Irgendwie lässt mich das gerade an meinem Verstand zweifeln. Ist es nur eine Geschichte? Eine Geschichte mit Problemen, die ich mir ausdenke, weil mein Leben angeblich «normal» verläuft und ich noch mehr Aufregung brauche? Aber das wünscht sich wohl fast jeder: Action, Spannung und Nervenkitzel. Ein Erlebnis, keine öde Langeweile. Außer vielleicht die, die das haben: Ein «unnormales» Leben. Ein Leben in dem alles anders ist. Mit mehr Problemen unter denen man dann zusammenbricht, nur um zu wissen, dass man lebt. Das gibt es ja auch noch. Aber wie man so ein Leben meistert oder wie das Leben an sich wirklich funktioniert, sagt einem niemand. ‹Weil sie es nicht wissen›, sagt eine Stimme in meinem Kopf. ‹Sie wissen nichts. Sie sind naiv und optimistisch. Sie erkennen die Wahrheit und die eigentliche Sinnlosigkeit nicht.› Ganz klar, ich bin auch nicht «normal», wenn ich schon wieder zu diesem Schluss komme. Nur damit ich mir ein Leben ausmale, das ich dann aber nicht leben will. So wie eigentlich dieses hier.

Es scheint irgendwie alles so einsam und eintönig zu sein. Aber trägt nicht jeder diese Last mit sich? Seine eigene Haut, aus der man, so oft man sich auch neu erfindet, nicht raus kann? Man kann sich sein Leben ausdenken oder mehrere. Doch im Inneren wird man immer dieselbe Person sein, oder? Eine zersplitterte Seele, deren Milliarden kleine Teilchen wie Staub im Inneren des Körpers unherwirbeln und sich nicht einfangen lassen. Wie Gedanken. Sie lassen sich nicht einordnen, weil sie alle irgendwie zusammenhängen.

Während ich über all das nachdenke, betrachte ich meine Handinnenflächen, drehe sie mehrmals und gleite mit den Fingern hin und her. Es ist so einfach. Kein Widerstand. Mein Leben erscheint mir wie Gas. Ich kann es weder sehen noch greifen.

Letztendlich will ich einfach nur noch schlafen. Ich schließe die Augen, doch im selben Augenblick fällt mir ein, dass mein Computer noch an ist. Müde von allem schleppe ich mich also zu meinem Schreibtisch, schließe das Dokument mit den drei Sätzen, die meinen Roman einleiten sollten und speichere es in meinem Ablageordner, wo sich bereits unzählige ähnliche Dokumente angesammelt haben. Und wie immer kann ich der Neugierde nicht widerstehen und sehe nach meinen Mails. Es ist nur eine von Mario mit dem Betreff «Eltern»:

Hey Nikos! Was machst du so? Wir müssen uns am Freitag treffen... meine Eltern wollen sich nun doch scheiden lassen und entscheiden wo ich hinkomme. Kann sein, dass ich umziehen muss... Ich ruf an.

Oh weh. Mario ist mein bester Freund, den ich schon seit meiner Geburt kenne. Seine Mutter ist meine Patentante und eine gute Freundin meiner Mum. Die Nachricht, dass seine Eltern sich trennen müssen, schockt mich aber nicht, denn sie haben sich schon längst neu orientiert und es wäre nur eine Frage der Zeit gewesen, bis sie sich endgültig trennen würden. Mario sagte schon immer, dass er vielleicht mal umziehen muss. Aber bis jetzt schien es mir so unreal, da er mein einziger wahrer Freund ist, den ich habe und ich mich immer auf ihn verlassen kann und er sich auf mich. Ich kann es mir nicht anders vorstellen.

Ich schreibe ihm zurück:

Hey Mario! Ich lag gerade im Bett und dachte nach, da merkte ich, dass der PC noch an war... das sollte ich mir mal abgewöhnen... Stromsparen und so... du weißt ja.
Wegen deinen Eltern: Ich hoffe, ihr findet eine gute Lösung. Ruf mich an wenn es etwas Neues gibt!

Dass ich hoffe, dass er nicht wegziehen muss, schreibe ich nicht, da es so selbstsüchtig klingt. So, als würde ich mich nur dafür interessieren, dass er bleibt. Ich hoffe es aber trotzdem. Und ich muss zugeben, etwas Angst vor dem zu haben, was kommen wird...

Ob alle Menschen so denken? Sagt man die Dinge, die man sagen will nur deshalb nicht, weil man nie sicher wissen kann, wie sie ankommen? Haben eigentlich alle Menschen diese Angst, sich so etwas zu widmen? Man ist ja frei, jederzeit zu sagen was man denkt. Doch wie ist es mit dem Schweigen? Wenn ich nur still zuhöre, mich passiv verhalte? Mache ich es dadurch nicht noch schlimmer, weil mein Gegenüber dann gar nicht weiß, woran er ist? Mir fehlen zu oft einfach die Worte... Ist das überhaupt noch Freiheit? Ich bin wohl eher Sklave meiner Unsicherheit. Meiner Angst. Und ich weiß, dass ich so bin. Es gefällt mir auch nicht, aber ich kann es nicht wirklich ändern. Ich bin ja immerhin für das verantwortlich, was ich sage. Auch für die Konsequenzen. Die können gut sein, aber auch schlecht... Ich schweige also viel zu häufig lieber, als mich mit dem Resultat meiner Worte bzw. besser gesagt: Meinem Gegenüber auseinanderzusetzen.

3

Mitten in der Nacht wache ich plötzlich von einem lauten Geräusch auf und es dauert ein paar Sekunden, bis ich begreife, dass es nur der Regen ist. Mein Bett steht direkt unter einem Fenster in einer Dachschräge, daher muss ich nicht extra aufstehen um zu sehen was draußen los ist. Ich richte mich somit nur etwas auf und blicke in die fast schwarze Nacht. Auf meinem Fenster spiegelt sich irgendein Licht von der Straße in den Regentropfen, die laut donnernd gegen das Fensterglas und das Dach prasseln und direkt ins absolut schwarze Nichts herunter rinnen.

Ich blicke gespannt hinaus, denn ich bin mir sicher, dass mich auch noch ein anderes Donnern aus dem Schlaf gerissen hat. Und ich werde nicht enttäuscht, denn auf einmal erhellt sich alles um mich herum. Es ist dieselbe Szenerie wie immer: Erst das Leuchten, das in den Augen schmerzt und keine wirkliche Form annimmt, sondern nur den Himmel erhellt. Einen richtigen Blitz habe ich nämlich noch nie so wirklich gesehen wie man auf Warnschildern oder im Fernsehen sieht. Vielleicht sehe ich nur nicht genau genug hin?

Begleitet wird das Gewitter bestenfalls vom Regen. Immer wenn es regnet, ist es für mich, als sei die Welt verstummt. Ich höre dann nur die Klänge der Natur und nehme nichts mehr wahr. Dasselbe geschieht, wenn ich ins Meer blicke. Alles wird still, ich denke nichts, sehe nur das Wasser. Es zieht mich jedes Mal in eine Art Bann und wenn ich wieder zu mir komme, ist mir die Zeit davongelaufen. Aber ich bin dann noch wie in Trance und denke sogar, ein bisschen Zeit zu verlieren ist ab und zu gar nicht so schlecht.

Beruhigt von den Klängen des Regens und dass nichts Schlimmes passiert ist, sacke ich zurück in mein Kissen und schlafe wieder ein.

4

Sechs Uhr morgens: Mein Wecker klingelt. Ich fühle mich, als wäre ich die ganze Zeit wach gewesen und hätte nur auf sein Klingeln gewartet. Oder als wäre ich nach dem Einschlafen gleich wieder aufgewacht und es wäre bereits morgen. Irgendwie ist keine Zeit vergangen und doch fehlt mir etwas. Ich bin topfit, obwohl ich das Gefühl habe, überhaupt nicht geschlafen zu haben.

Ich mag trotzdem nicht wirklich aufstehen, denn ich freue mich nicht im Geringsten auf die Schule. Dort machen mich sowieso nur alle fertig. Sie hassen mich, das spüre ich. Sie schließen mich alle aus. Und ich kann sie mittlerweile echt nicht mehr leiden, diese typischen Jugendlichen, die alles und jeden zu verachten scheinen. Vor allem jene, die nicht wie sie sind. Bloß weil man keinen Spaß daran hat, andere abzuwerten und sich selbst alle Rechte zu verschaffen? Oder weil man sich einfach nicht so verhält, wie sie es gerne hätten? Weil man irgendwie anders aussieht?

Da die Mehrheit an meiner Schule entweder so ist oder sich an das System sehr gut anpassen kann, um nicht selbst in die Schusslinie zu geraten, habe ich auch keine Freunde dort. Mein bester Freund geht leider auf eine andere Schule. Deswegen bin ich ganz auf mich allein gestellt. Aber ich will es mittlerweile so und gar nichts mehr mit meinen Klassenkameraden zu tun haben. Ich traue keinem von ihnen und gehe allen lieber aus dem Weg und rede mit keinem. Wenn ich möglichst nichts sage oder mache, ist die Chance, dass man mich wegen irgendetwas aufzieht oder sich über meine Worte lustig macht und sie nachäfft möglichst gering. Natürlich finden sie dennoch irgendetwas. Sie sticheln und stochern, bis ich doch was sage oder verstecken meine Sachen, stellen mir das Bein, kicken einen Ball gegen meinen Kopf,... Oder sie sehen eben bei all dem unbeteiligt zu, indem sie wegsehen.

Lieber bin ich also alleine als mich mit solchen Menschen anzufreunden. Wobei sich die Frage nach einer Freundschaft bei mir gar nicht stellt, da ich einfach zu sehr ich bin, um jemals dort Fuß fassen zu können.

Eigentlich sollte mir das alles mitttlerweile egal sein, denn es ist ja irgendwie schon zur Gewohnheit geworden. Ich weiß sozusagen, was mich erwartet. Und trotzdem ist es jeden Tag aufs Neue ein Überwindungskampf dort wieder hinzugehen.

Warum kann es mir nicht wirklich egal sein? Warum fühle ich mich trotzdem verletzt? Warum verletzt man *mich*? Nur weil ich anders bin, alternativ aussehe und mir z.B. die Nägel schwarz lackiere? Weil ich gelegentlich rede, atme, lebe?

Für alle anderen bin ich der komische Emosatanist, obwohl ich eigentlich nichts Genaues bin oder sein will. Ich gehe meinen eigenen Weg und richte mich nicht nach Klischees.

Irgendwie muss sich jeder in eine Schublade stecken lassen. Und man darf bloß nicht verwechselt werden. Wer nicht irgendwo dazugehört, der ist wohl wirklich arm dran. Ein Niemand? Ein Mensch ohne Identität? Aber habe ich die etwa nicht? Ich sitze nur leider alleine in meiner Schublade... und ich hasse es im Grunde. Genau genommen tut es weh, so sehr ich auch versuche mir selbst weiszumachen, dass mir das alles egal ist. Das ist es nie...

Hungrig verlasse ich mein brot- und toastloses Zuhause. Ich schließe die Tür hinter mir, drehe mich um und sehe wieder das Haus gegenüber. Auf einmal fallen mir die Geschehnisse von gestern Abend wieder ein. Wie es dort drin wohl aussieht? Laut meiner Armbanduhr habe ich noch zehn Minuten, bis der Bus kommt. Er hält direkt zwei Häuser weiter.

Die Neugierde überkommt mich und ich gehe so unauffällig wie möglich über die Straße. Ich weiß, es geht mich nichts an. Doch es interessiert mich aus irgendeinem Grund. ‹Ist ja auch verständlich, dass man sich für die Nachbarschaft interessiert›, versuche ich mir einzureden. Also schlendere ich wie unabsichtlich auf das Haus zu. Vor der Tür tue ich so, als würde ich klingeln und anschließend warten bis jemand aufmacht. Alles soll unverdächtig aussehen. Aber wahrscheinlich ist das unnötig, weil allen sowieso egal ist was ich hier mache. Das sage ich mir jedoch nur, um etwas ruhiger zu werden, denn eigentlich denke ich, dass mich jeder beobachtet und sich seinen Teil dazu denkt. Und obwohl keiner da ist, fühle ich mich wie auf dem Präsentierteller. Ziemlich paradox. Und paranoid.

Nach einer Minute Warten gehe ich einige Schritte weiter an der Hausfront entlang, um in ein Fenster zu blicken. Die Vorhänge sind zur Seite geschoben und ich sehe direkt ins Wohnzimmer. Und es ist so wie ich es nie gedacht hätte: Unverwüstet, sauber, ordentlich. Also normal, wie es sein soll. Damit habe ich nicht gerechnet. Vielleicht war das alles doch nur Einbildung, ein Traum? Oder eine von meinen ausgedachten Geschichten? Verliere ich langsam den Verstand?

Ich drehe mich um und gehe zur Bushaltestelle. Der Bus kommt auch gleich und ich steige ein. Wie immer steuere ich gleich auf meinen «Stammplatz» am Fenster in der vorvorletzten Reihe links zu. Er ist frei. Er ist immer frei, da sich die meisten entweder ganz vorne oder ganz hinten hinsetzen. Wie witzig, ich kann es von hier aus sehen. Das Haus von dem ich mir wohl alles nur eingebildet habe.

«Hallo», sagt eine Stimme. «Ist hier noch frei?»

Erschrocken fahre ich aus meinen Gedanken hoch und sehe ein Mädchen mit wasserstoffblondem, ja fast schon weißem Haar und großen, grünen Augen, das mich anlächelt und das ich noch nie zuvor gesehen habe. Ich versuche mir nichts von meiner Verwunderung anmerken zu lassen, denn der restliche Bus ist nämlich noch sehr leer und sie hätte sich auch einfach einen Platz für sich nehmen können. Hat sie aber nicht. Sie hat mich gefragt und ich nicke ihr jetzt einfach mal nur zu, weil mir die Worte fehlen. Anscheinend habe ich sie wohl eine Weile lang sehr verwirrt angestarrt, denn sie fragt mich plötzlich: «Ist was?»

«Nein», sage ich und drehe mich wieder zum Fenster, um zu beweisen, dass wirklich nichts ist. Bestimmt bin ich dank meiner Nervosität ziemlich rot geworden und habe genuschelt. Aber es ist nun mal so, dass ich oft das anstarre, was mich gerade beschäftigt. Es ist wie eine schlechte Gewohnheit. Solche Angewohnheiten sind meistens unbewusst und lassen sich nur schwer wieder abgewöhnen. Es sei denn, man sucht sich eine neue, um die andere zu verdrängen. Einen Tod muss man wohl immer sterben, wenn man zu Unausgeglichenheit neigt.

«Auf welche Schule gehst du?» Sie blickt mich immer noch an und will wohl wirklich ein Gespräch anfangen.

«Bullet Madness High School. Und du?»

«Ich auch. Heute ist mein erster Tag.»

Sie lächelt freundlich. Ich lächle wohl eher gequält zurück und versuche gar nicht erst fröhlich zu sein. Der Schulalltag würde alles wieder zerstören und ich wäre unglücklicher als zuvor. Doch sie redet einfach weiter, obwohl ich bisher wirklich nicht viel gesagt habe oder interessiert scheine.

«Ich bin vor kurzem erst in diese Gegend gezogen. Mit meinen Eltern. Doch dann wurde meine Mutter krank und musste ins Krankenhaus. Mein Dad sagte, sie starb im Krankenwagen. Jetzt sind wir alleine.»

Nun lächelt sie nicht mehr, sondern starrt auf ihre Handinnenflächen. Entsetzt sagt sie: «Ich... will... nicht... mehr... Kannst du mir etwas versprechen?»

Sie sieht mich an. Mit einem Blick, der einem das Blut in den Adern gefrieren lässt. Der einen erstarren lässt und ihm seine Seele raubt, falls es das gibt. Ich zumindest falle gerade in diesen Blick hinein und vergesse alles um mich herum. Völlig geistesabwesend antworte ich also mit einem «Ja», obwohl ich eigentlich weiß, dass man nicht einfach irgendwelche Versprechen geben sollte, wenn man nicht mal weiß, um was es geht oder wer diese Person überhaupt ist.

«Dann leugne bitte nie mich zu kennen. Das tun sie alle. Sie hören mir erst zu und antworten dann einfach nicht mehr. Sie sagen oft nicht mal ‹verschwinde› oder ‹hau ab, erzähl das jemandem anderen›. Sie sind dann einfach weg.»

Ich habe keine Ahnung wovon sie redet und bin jetzt wirklich total verwirrt, aber irgendwie verstehe ich sie auch ein wenig und fühle mich mit ihr verbunden. Sie braucht jemanden zum Reden um ein Trauma oder etwas Ähnliches zu überwinden. Nur komisch, dass sie zu mir gekommen ist. Niemand sucht normalerweise meine Nähe.

Immer wenn jemand Neues in die Klasse kommt, hoffe ich vergeblich, dass diese Person zu mir kommt, damit ich endlich auch jemanden als Klassenkameraden habe. Aber das wird niemals so sein. Alle gehen sie zu den «Coolen». Wahrscheinlich ist das auch der einzige Weg, um zu überleben. Ich werde ihn trotzdem niemals einschlagen. Dafür ist es auch zu spät.

Während der Fahrt zur Schule hält der Bus noch an vielen Haltestellen und es steigen nach und nach immer mehr Schüler ein, bis es keine Sitzplätze mehr gibt und sie teilweise aneinandergedrängt und schubsend im Gang stehen. Die jüngeren Schüler kreischen, wenn der Bus fährt und hält und überhaupt bin ich gerade irgendwie froh, dass dieses ruhige, seltsame Mädchen tatsächlich freiwillig neben mir sitzt und kein anderer, der demonstrativ von mir weicht oder sich als Mutprobe zu mir setzt.

Ehe ich mich versehe, hält der Bus auch schon vor der Schule. Einige drängen sich hinaus und auch das Mädchen neben mir steht auf. Sie dreht sich aber noch mal zu mir um:

«Kommst du?», fragt sie mich. Ich fühle mich etwas unwohl, weil ich nicht weiß, was in ihr vorgeht oder was sie vorhat. Also stehe ich lieber ebenfalls schon auf und steige mit ihr zwischen all den anderen aus dem Bus, statt wie gewohnt alleine als letzte Person.

Wir gehen die Straße entlang bis zum Tor der Schule. Überall Schüler und Schülerinnen. Ich weiß nicht ob ich mich irre, aber sie scheinen uns anzustarren. Das Gefühl ist mir zwar bekannt, aber es ist irgendwie anders als sonst. Was wohl die aus meiner Klasse sagen werden? Bestimmt werden sie reden. Wie immer. ‹Habt ihr den Freak schon gesehen? Der hat jetzt eine geisteskranke Freundin. Das passt ja.›

Irgendwie aufgeregter als ich es von mir kenne begleite ich das Mädchen noch zum Sekretariat, wo wir uns verabschieden.

«So, da sind wir. Ich muss jetzt zum Unterricht...»

«Schon gut. Bis dann.»

«Ja... bis dann.»

Sie klopft und geht dann durch die Tür. Ich drehe mich um und mache mich auf den Weg zu meinem Spind 665.

Es gibt wirklich Zufälle, die keine sind. Da denkt man schon mal, dass 665 so einer ist. Denn 666 ist eine Zahl, die man in Verbindung mit dem Teufel bringt. Interessanterweise ist mein Spind nur der daneben. Spind 666 wäre natürlich ein größerer Zufall, aber eigentlich ist das auch egal. Ich schließe also meinen 665 auf und sehe erst mal ein Chaos aus Büchern, Sportsachen, diversen Kunstprojekten und anderen Merkwürdigkeiten. Auf dem Stundenplan an der Innenseite der Tür steht:

MONTAG:
1. STUNDE: MATHE
2. STUNDE: DEUTSCH
3. STUNDE: SPORT
4. STUNDE: SPORT
5. STUNDE: PHYSIK
6. STUNDE: ENGLISCH
PAUSE
PAUSE
9. STUNDE: GESCHICHTE
10.STUNDE: GESCHICHTE

Na toll, Montagmorgen und gleich die erste Stunde Mathe beim Kresse. Ich hole mein 5-Kilo-Mathebuch und laufe zu seinem Klassenzimmer. Die Tür steht offen, doch die «Coolen» versperren mir mal wieder den Weg. Natürlich nicht wirklich, aber sie hängen andauernd vor der Tür herum und wenn du vorbei gehst sehen sie dich so an, als wärst du irgendetwas Seltsames und leider fühle ich mich anschließend auch jedes Mal genau so schrecklich.

Ich nähere mich ihnen mit einem unguten Gefühl, weil sie gleich wieder anfangen werden, mir hasserfüllte Blicke zuzuwerfen. Ich muss versuchen sie nicht zu beachten, denn mit diesen Idioten ist nicht zu spaßen. Sie würden mich verprügeln, wenn ich sie auch nur eine Sekunde ansehen würde. Rumgeschubst haben sie mich ja schon. Ich will sie nicht provozieren.

Als ich nah genug bin, unterbrechen sie ihr Getuschel und ich bemühe mich einfach möglichst schnell an ihnen vorbeizugehen, den Blick geradeaus gerichtet.

Doch ich spüre sie: Diese Blicke, die töten könnten. Ich versuche dennoch sie nicht zu beachten und steuere auf einen Platz in der 2. Reihe zu. Da der Mathematikraum Zweiertische hat, könnte eigentlich jemand neben mir sitzen. Aber das macht natürlich niemand. So bin ich immer alleine. Auch gut.

Herr Kresse kommt ins Zimmer. Aber nicht alleine. Ein Mädchen folgt ihm und ich erkenne sie wieder. ‹Die aus dem Bus›, denke ich noch, bevor der Lehrer anfängt zu schreien: «Setzen, sonst Strafarbeit!» Schlagartig verstummt jegliches Gequatsche und die Schüler eilen zu ihren Plätzen.

«Es ist mal wieder Zeit für frischen Wind...»

‹Oh nein, jetzt kommt der Vortrag wieder› denke ich mir. Denn immer wenn jemand Neues der «Klassengemeinschaft» beitritt, hält er einen Vortrag, weil leider immer alle in seiner Stunde neu dazukommen.

«...also tritt heute eine neue Schülerin in unsere Klassengemeinschaft, die bislang ein Vorbild für alle anderen Klassen war. Haltet das auch so. Seid nett zu... äh...» Er blickt auf seinen Zettel, dann zu dem Mädchen, dann wieder in die Runde und beendet seinen Satz mit dem Wort:

«Guillotine...»

Guillotine? Das hätte ich jetzt nicht gedacht. Ich blicke hinter mich. Alle starren sie an. Sie kommt auf mich zu und... oh nein, sie setzt sich neben mich. Ich spüre wieder diese tötenden Blicke. Sie sieht mich an, irgendwie ernst und besorgt. Merkt man mir mein Unwohlsein wirklich so sehr an?

«Ja, ähm... ich bin Nikos...»

Etwas Besseres fiel mir in diesem Moment nicht ein, also versuche ich mal so zu tun, als wäre das ein normaler Name für ein Mädchen.

«Guillotine», sagt sie nur.

5

Es ist mal wieder eine sehr langweilige Mathestunde bei Herrn Kresse. Ich hatte es noch nie bemerkt, aber er redet ziemlich viel wirres Zeug von wegen seiner Frau und Kühlschrank. Sollte er uns nicht Mathe beibringen? Ich sehe zu Guillotine rüber. Sie hat ihr Buch offen vor sich auf dem Tisch liegen und lernt tatsächlich Mathe. Gute Idee. Wenn der Lehrer uns nichts beibringt, dann müssen wir das eben irgendwie selber versuchen. Ich schlage ebenfalls mein Buch auf. Doch gerade als ich auch loslegen will, bemerke ich, dass mein Block fehlt. Ich wühle in der Schultasche, finde aber nichts. Mist. Dann muss ich eben doch dem Kresse zuhören wie er sich über alles aufregt. Als hätte meine Sitznachbarin meine Gedanken gelesen, legt sie ein leeres Blatt vor mich hin.

«Danke», flüstere ich ihr zu.

«Bitte», flüstert sie zurück.

Es dauert jedoch nicht lange, da meint Herr Kresse:

«So, dann fangen wir jetzt mal mit Mathe an. Ich lasse mich wirklich zu leicht ablenken...»

In der Tat, denn natürlich lenken ihn die «Coolen» extra vom Unterricht ab, damit sie nicht Mathe machen müssen. Das meinte ich mit dem Verschaffen von Rechten. Sie alle kennen das Spiel und die Regeln und wissen immer ganz genau, wie sie sich damit durchmogeln, andere manipulieren. Und leider auch gewinnen.

Es läutet. Alle stürmen aus der Klasse. Herr Kresse steht wie angewurzelt da, unglücklich und ratlos. Er tut mir fast ein bisschen Leid. Aber nur fast. Trotz seiner gut gespielten strengen Art schafft er es immer wieder, dass man ihm auf der Nase rumtanzt.

Ich laufe mit Guillotine zu den Spinden.

«Welche Nummer hast du?», frage ich sie.

Wir bleiben stehen.

«Diese.»

Sie deutet auf den Spind neben meinem: 664.

«Dann sind wir ja... Spindnachbarn.»

«Ja... kann sein.»

Irgendetwas ist jetzt mit ihr. Sie wirkt so weit weg, als hätte sie keine Gefühle. Als wäre ihr alles egal. Mir fällt es so unglaublich schwer, ihr irgendwelche Emotionen anzusehen. Sie hat ja immerhin vorhin mal im Bus gelächelt und mir danach etwas... Eigenartiges von sich preisgegeben. Aber warum mache ich mir eigentlich so viele Gedanken? Und überhaupt... ich bin ja mal gar nicht in der Position mit Gefühlen umgehen oder sie irgendwie deuten zu können... ich habe doch keine Erfahrung mit Mädchen und schon gar nicht mit irgendwelchen Emotionen... oder etwa doch?

6

«Wir haben jetzt Deutsch», sagt sie.

«Ja... holen wir unser Zeug und gehen ins Klassenzimmer...», ergänze ich.

«Meine Eltern haben mir diesen Namen gegeben, weil ich ein ungewolltes Kind bin. Sie schenkten mir nie Liebe, deshalb Guillotine. Ich bin eine schreckliche Person. Ich sollte nie existieren.»

Ich starre sie an. Geschockt. Was soll ich denn mit dieser Aussage jetzt machen?! Hat sie das gerade wirklich gesagt? Ich kann schlecht so tun, als hätte ich nichts gehört und sie damit noch mehr runter machen. Aber das Gegenteil kann ich ihr auch nicht beweisen, weil ich sie nicht kenne.

Aus Unsicherheit sage ich also erst einmal lieber gar nichts, was aber ein Fehler ist, denn sie rastet im gleichen Moment aus.

«Ich... will... nicht... mehr!»

Bei jedem Wort wird sie lauter. Dann beginnt sie zu schreien. Alle sehen uns mit großen, angsterfüllten Augen an. Ich halte ihr meine Hand vor den Mund, damit sie nicht mehr schreien kann. Schlagartig wird sie still, leblos. Ich flüstere ihr ins Ohr:

«Hör zu, du kannst mir nachher alle Probleme erzählen, aber bitte, halte es noch bis zur Mittagspause durch.»

Sie nickt stumm. Wir gehen zum Unterricht.

Und ich weiß, sie starren uns an, sehen uns hinterher, verfolgen uns. Jetzt erst recht nach dieser verstörenden Aktion. Mir ist das sehr unangenehm, auch wenn mir diese Paranoia bekannt ist. Sie diesmal als berechtigt zu sehen, beruhigt mich nicht im Geringsten. Ich sehe Guillotine ins Gesicht, doch sie blickt die ganze Zeit zu Boden. Mit diesen leeren Augen. Was soll ich sagen? Alles würde taktlos klingen und vermutlich würde es diese Situation schlimmer machen. So sage ich erst recht lieber nichts mehr.

Im Klassenzimmer angekommen setzen wir uns automatisch wieder nebeneinander. Jetzt habe ich ja, was ich immer wollte: Eine irre Person an meiner Seite, die ebenso Spielball des Mobs ist, der sich mal wieder in die hintere Reihe fläzt. Als ich mich kurz umdrehe, sehe ich, wie sie auf uns zeigen und tuscheln. Sie reden über uns. Ich weiß es. Es ist zu offensichtlich. Und in mir wächst der waghalsige Wunsch heran einfach aufzustehen und ihnen meine Meinung zu geigen. Ich will, dass sie endlich verschwinden und *uns* in Ruhe lassen. Doch natürlich mache ich nichts, senke nur meinen gedankenschweren Kopf und beginne, die Lektüre zu lesen, die uns letzte Stunde ausgeteilt wurde. Wir sollen in dieser Stunde fertig werden. Das Buch hat insgesamt nur 64 Seiten, also wäre das sogar machbar. Als ich die passende Lesestelle wieder gefunden habe, blicke ich jedoch zu Guillotine auf, die noch kein Buch hat. Ich fühle mich mutig genug und melde mich. Daraufhin ruft mich unsere Deutschlehrerin Frau Horst auf:

«Was gibt's?»

«Guillotine hat noch kein Buch.»

«Wer ist Guillotine?»

Ich deute auf meine Sitznachbarin.

«Ah... die Neue. Ich werde dir eins holen.»

Frau Horst steht auf und geht aus dem Zimmer. Sobald die Tür hinter ihr ins Schloss fällt, bricht die Hölle los und die «Coolen» kommen nach vorne.

«Ey du... Nikos, oder? Hast 'ne Freundin, Alter?», fragt mich Patrick, der Anführer und Anstifter allen Übels. Auch wenn er viel kleiner ist als ich, macht er mir Angst, da sein Körper sehr muskulös ist und sein Machogehabe Macht ausstrahlt, die ihn irgendwie größer erscheinen lässt. Für mich ist er der Schrecken in Person.

«Und wenn?», antworte ich provokant, obwohl ich das nie mache. Ich lege mich normalerweise nicht mit solchen Typen an und antworte lieber so nichtssagend wie möglich, falls sie mich denn überhaupt etwas fragen. Aber jetzt ist das Maß voll. Ich werde mir nicht länger ansehen, wie sie mich noch paranoider werden lassen!

Ken, Patricks Sklave meiner Meinung nach, kommt aus dem Grinsen nicht mehr raus. Er ist sogar noch kleiner als Patrick, hat aber auch wesentlich weniger Masse als er, was er mit sehr weiten Klamotten zu kaschieren versucht. Sein schmales Gesicht versteckt er hinter einer dunkelbraunen Pilzfrisur, dessen Pony ihm so sehr über die Augen ragt, dass ich mich manchmal frage, ob er überhaupt etwas sieht. Er rennt so jedenfalls zur Tafel, nimmt sich ein Stück Kreide und beginnt ein Herz zu zeichnen, in das er die Buchstaben N+G schreibt.

Daneben malt er noch eine Guillotine. Leider ist Ken sehr talentiert, sodass auf Anhieb klar ist, was genau er da abbildet.

«Kopf ab! Hehe...», meint er und fährt sich symbolisch mit dem Finger die Kehle entlang und verdreht die Augen. Jetzt fühle ich mich auf einmal wieder hilflos. Was soll ich machen? Und: Kann ich überhaupt etwas machen? Ich habe das Gefühl, wenn ich jetzt nichts sage, ist es zu spät und ich bin wieder da, wo ich bisher immer gewesen bin. Ich blicke hilfesuchend Guillotine an, doch sie hat weiterhin einen leeren Blick und starrt geradeaus auf die Tafel und scheint das Ganze irgendwie nicht zu verstehen oder auszublenden.

Die Lehrerin kommt zum Glück in diesem Moment herein. Patrick und seine Company verschwinden wieder in die letzte Reihe und Ken verwischt noch schnell seine Zeichnungen. Frau Horst wirft der letzten Reihe und Ken, der hinterher stolpert, einen strafenden Blick zu und meint in sehr ernstem Ton: «Nächstes Mal erwische ich euch, ich weiß was ihr hier vorne abzieht und glaubt bloß nicht, man könnte mich hinters Licht führen!»

Das mag ich an der Lehrerin: Wir hassen dieselben Leute.

Bald ist auch diese Stunde zu Ende und Guillotine und ich gehen wieder zu unseren Schließfächern. Sie schweigt immer noch. Ich jetzt auch wieder.

7

Als nächstes steht Sport auf dem Plan. Vor den Umkleidekabinen der Turnhalle trennen sich also unsere Wege. Es tut etwas weh, sie gehen zu lassen und in die Obhut dieser «Zicken» aus unserer Klasse zu geben, aber sie wird schon auf sich selbst aufpassen können. Irgendwie denke ich mir aber auch, dass sie Freundinnen finden sollte. Sonst endet sie so wie ich…

«Mädchen und Jungs haben getrennt Sport. Wir sehen uns dann wieder vor den Schließfächern», erkläre ich ihr, als wir vor der Mädchenumkleide stehen. Sie nickt und geht durch die Tür. Ich drehe mich um und betrete die Kabine der Jungs.

Der Sportunterricht verläuft heute auch nicht anders als die letzten Male. Die «Coolen» beherrschen alles. Sie sind die sportlichsten und daher die Lieblinge des Lehrers. Besonders Patrick ist ungeschlagen in allem. Schüler, die eine drei in Sport auf dem Zeugnis haben, nimmt der Lehrer extrem hart ran. Und die, die schlechter als vier sind, werden von ihm einfach ignoriert. Herr Kirsch ist da ganz schlicht gestrickt: Mach dich gut und zeig, wenn du was drauf hast und bekomm die Eins. Sei ein Freak und bemüh dich und bekomm die Drei, wenn du Glück hast. Ich gehöre zu den Dreiern. Aber ich entkomme wohl knapp der Vier, wenn das so weitergeht.

Heute ist Hindernislauf dran. Mir ist klar, dass das ein Wettkampf ist und es eigentlich um Schnelligkeit geht. Allerdings bin ich bereits froh, wenn ich die Hürden unbeschadet überstehe. Dass es mir egal ist, wie langsam ich dabei bin, scheint alle anderen allerdings viel mehr zu stören als mich. Die meisten sind sogar schon zwei Mal die Runde durch, während ich immer noch bei der ersten bin. Jetzt spüre ich die Blicke der nun am Rande stehenden Jungs auf mir. Ich renne und versuche nicht daran zu denken, was für eine schreckliche Figur ich dabei abgebe. Sogar der kleine Ken schafft es, über den höchsten Kasten zu springen. Ich hingegen scheitere am mittelhohen und laufe voll dagegen, sodass der ganze Aufbau lautstark umkippt und sich seine Teile über den Boden ausbreiten. Alle lachen bis auf Herr Kirsch: «Mensch Nikos, der war nun wirklich nicht hoch!»

Ich liege auf den Einzelteilen und wünsche mir nichts sehnlicher als endlich tot zu sein. Wie in Trance stehe ich dennoch auf und will helfen, alles wieder herzurichten, doch ein paar andere nehmen mir eines der Teile aus der Hand und Herr Kirsch meint bloß: «Nee Nikos, lass mal.»

Ich fühle mich mit jedem Mal elender. Und dabei dachte ich, es könnte sich nicht mehr steigern. Ohne dass es vermutlich jemand merkt, flüchte ich aus der Sporthalle. Was soll ich dort auch noch?

Nachdem ich mich geduscht und umgezogen habe, verlasse ich als erstes den Umkleideraum. Die anderen höre ich nämlich schon von weitem, wie sie die Halle verlassen und ich habe nicht die Kraft, ihnen und ihren Sticheleien jetzt noch mal zu begegnen.

Vor der Tür stelle ich überrascht fest, dass Guillotine auf mich wartet. Sie blickt mich mit großen, angsterfüllten Augen an und beginnt zu weinen.

«Hey, was ist denn los?», versuche ich sie zu beruhigen. Daraufhin rennt sie mir in die Arme. Ich stehe vollkommen geschockt da, von so viel spontaner und plötzlicher Nähe überwältigt.

«Ich habe gehört wie sie mich holen und quälen wollen!»

«Wer?», frage ich angespannt und irgendwie atemlos, da es mir sehr schwer fällt Luft zu holen mit ihr in meinen Armen.

«Die anderen Mädchen… Sie haben mich ausgelacht und verspottet. Ich werde von ihren Blicken verfolgt. *Blicke, die töten könnten.*»

Mir gefriert jetzt auch noch das Blut in den Adern bei so viel Verbundenheit. Ich fühle mich auch immer, als würde mich jeder anstarren und dann über mich herziehen. Um ihr auch ein bisschen Verständnis zurückzugeben, antworte ich ihr also: «Ich weiß wie du dich fühlst. Mir geht es genauso.»

Sie löst sich von mir, lässt ihre Arme aber um mich, sieht mir tief in die Augen und fragt: «Sollen wir Physik schwänzen?»

«Aber…»

Sie unterbricht mich. «Ich halte es nicht bis zur Mittagspause aus.»

«Und wenn sie uns erwischen…», beginne ich und breche ab, denn eigentlich sehe ich in ihrem Blick auch meinen eigenen Wunsch, auszubrechen und gebe nach: «Okay, aber wo sollen wir uns verstecken?»

«Müssen wir gar nicht. Wir haben eine Entschuldigung...»

Sie kramt in ihrer Jackentasche und holt ein kleines Kärtchen heraus auf dem steht:

CHEFREDAKTEUR DER SCHÜLERZEITUNG
VERLASSEN DES SCHULGELÄNDES:
NACH ABMELDUNG GENEHMIGT
STUNDEN ZUM WOHLE DER ZEITUNG OPFERN:
GENEHMIGT
BETRETEN DER REDAKTION:
JEDERZEIT GENEHMIGT

«Toll, oder?» Sie packt es wieder in die Tasche und zerrt mich am Ärmel hinterher bis ich meinen anfänglichen Widerstand komplett fallen lasse und letztendlich freiwillig von selbst mitgehe.

8

Ich folge Guillotine in einen Teil der Schule, in dem ich selbst noch nie war. Es ist einer der vielen Parallelgänge, wo eher die Räume zu finden sind, in denen kein regulärer Unterricht stattfindet.

Während wir diesen Gang entlang laufen, sehe ich mir ganz genau die Wände an, an denen alte Werbeplakate von unserer Schülerzeitung hängen. Ich vermute, hier irgendwo muss wohl auch der Redaktionsraum sein und wie erwartet bleiben wir vor einer der vielen Türen stehen. Guillotine zückt einen Schlüssel, schließt damit auf und wir betreten ein extrem kleines Zimmer. Vielleicht wirkt das aber auch nur so, weil es von oben bis unten mit Krempel vollgestellt ist und eher den Eindruck einer Abstellkammer vermittelt. Mein Blick streift das Chaos, in dem irgendwie nur zwei Computer stehen. Ich hatte mir das alles größer und spektakulärer vorgestellt.

Doch für Guillotine scheint dieser Anblick normal zu sein und sie geht wie routiniert auf einen der Rechner zu und drückt einen Knopf, um ihn einzuschalten.

«Die Lehrer müssen sehen, was wir machen. Ich melde mich mit meinem Passwort an und sie denken ich arbeite an etwas. Aber da ich früher vom Sportunterricht weg bin, habe ich eben schon vorgearbeitet und kann ihnen Ergebnisse zeigen, verstehst du?»

Ich nicke. Sie wirkt wie verändert im Gegensatz zu vorhin. So voller Elan und Tatendrang.

Wir setzen uns an einen kleinen runden Tisch in der Mitte des Raumes. Ich warte ab, bis sie anfängt zu reden. Doch sie schweigt. Eine Weile lang sehen wir uns somit einfach nur an. Sie lächelt. Etwas zu sagen wäre jetzt in diesem Moment wohl unangebracht, doch da ich wissen will, wie es nun weitergeht, mache ich es diesmal aber trotzdem: «Ja... und jetzt?»

Ich sehe, wie ihr Lächeln schwindet und bereue es auf der Stelle, etwas gesagt zu haben.

Wortlos legt sie ihren Arm auf den Tisch und krempelt den Ärmel ihres Pullovers hoch. Zum Vorschein kommt ein weißer Verband, den sie vorsichtig löst und abwickelt. Gespannt halte ich den Atem an, ahne aber irgendwie, dass da nichts Gutes darunter sein wird und behalte recht. Zum Vorschein kommt eine Narbe quer über der Pulsader. Es ist die Art von Verletzung, die wohl für immer bleibt und nie verheilt. Sekundenlang starre ich still auf die noch sehr offene, aber gut verarztete Wunde. Dann beginnt sie ihre Geschichte zu erzählen...

«Meine Eltern und ich sind nicht neu hergezogen. Mein Vater und ich leben schon immer hier, nur wurde ich bisher immer von meiner Mutter unterrichtet. Bis gestern eben. Aufgrund eines Streits sperrte ich mich in meinem Zimmer ein. Ich konnte dabei einfach nicht mehr zusehen... und bekam Angst. Wenig später klopfte es an meiner Tür. Ich öffnete natürlich nicht, da es nur mein Vater sein konnte. Sein Zustand war schon extrem, als ich das Wohnzimmer verließ, aber in der kurzen Zeit musste er noch mehr getrunken haben. Als ich nicht öffnete, schlug er die Tür ein und versuchte mich zu fangen. Ich entkam ihm nur knapp, doch an der Haustür erwischte er mich und fesselte mich anschließend an einen Stuhl. Meine Mutter lag auch in dem Raum auf dem Boden. Die Vitrine, in der wir immer das Geschirr hatten auf ihr. Mein Vater nahm seine Flasche und schlug sie an die Wand. Überall flogen Splitter durch den Raum. Er hob einen auf und kam auf mich zu. Noch nie hatte ich soviel Angst, doch auch jetzt schrie ich nicht. Es war, als wäre meine Stimme auf einmal weg. Als wäre ich weg... Mit einem Ruck schlitzte er mir den Arm auf, wobei sich auch die Fesseln lösten. Dann rief er den Krankenwagen. Ich sah mir den Schnitt an, stand auf um das Fließen des Blutes mit einem Tuch zu stoppen, verband alles und zog mir einen Pullover an, damit keiner was bemerkt... Den Rest kennst du sicherlich, da du dabei warst. Ich hab' dich gesehen.»

Sie sagt diese schrecklichen Dinge so automatisch und mechanisch ohne jegliche Emotion, dass es mir eiskalt den Rücken runterläuft und sich eine Gänsehaut über meine Arme zieht. So etwas habe ich noch nie gehört oder gesehen. In Filmen vielleicht oder in den Nachrichten. Aber mir war nicht bewusst, dass in meiner idyllischen Straße so jemand wohnen könnte.

Jetzt löst sich auch ihr Blick von ihrem Arm und sie sieht mir wieder mit diesem durchdringenden Blick in die Augen. Mir fehlen die Worte. Das alles ist mir unangenehm, weil ich absolut nicht weiß, wie man auf so eine Geschichte am besten reagieren soll. Das Geheimnis um ihr rätselhaftes Verhalten ist jetzt zwar gelüftet, aber dennoch sind da so viele Fragen offen, die ich mir eigentlich stelle. Warum wehrt sich dieses Mädchen nicht? Das war bestimmt nicht das erste und einzige Mal, dass sie so etwas Schlimmes erlebt hat. Warum bleibt sie da und vertuscht auch noch alles?

«Was willst du jetzt machen?», frage ich sie.

«Nichts. Das muss ich aushalten...»

«Nein, musst du nicht. Du kannst ausziehen, in ein Heim, oder eine WG mit anderen, die auch Probleme mit ihren Eltern haben...»

Ich hatte davon irgendwo einmal gelesen und denke, es ist richtig und wichtig, ihr das so zu sagen. Andere

Wege aufzuzeigen. Vielleicht ein wenig Hoffnung dadurch geben...

«Nein, das kann ich nicht. Ich bringe allen nur Unglück... vielleicht solltest du dich auch lieber von mir fern halten.»

Ich muss grinsen, was wohl unpassend ist, aber bevor sie das falsch versteht, ergreife ich ihre Hand, als hätte ich das schon einmal getan und als wäre das etwas total Normales. Ihre Miene ändert sich jedoch nicht und sie wirkt so angespannt, als würde sie am liebsten aufstehen und gehen. Dennoch zieht sie ihre Hand nicht aus meiner und bleibt sitzen. Ich nutze den Moment und beginne nun etwas von mir preiszugeben:

«Soll ich dir meine Geschichte erzählen? Ich bringe nämlich auch nur Unglück... Bis zu meinem 9. Lebensjahr war mein Leben eher langweilig. Dann verließ mein Dad meine Mum wegen einer unausstehlichen Frau. So eine von diesen Zicken, die einem perfekt erscheinen, weil sie sich niemals ihre Probleme anmerken lassen. Ich musste sie kennen lernen. Sie war bei der Scheidung meiner Eltern dabei. Ich hasste sie, weil sie auch noch versuchte, nett zu mir zu sein. Mein Vater war bis dahin immer mein Vorbild. Aber diese Kleinigkeit, dass sie seine neue Frau werden würde und er nur die Oberfläche sah, brachte mich dazu ihn zu hassen. Er schreibt mir immer noch Briefe, aber ich sehe sie nicht an und werfe sie ungeöffnet weg. Ich wohne bei meiner Mum, verstehe mich sehr gut mit ihr und vertraue ihr auch vieles an. Sie ist nicht streng, aber oft viel zu besorgt. Ich habe das Gefühl, ich bin der Grund für ihre Sorgen. Es lässt sich schwer in Worte fassen...»

«Ich verstehe.»

Guillotine sitzt mir nach wie vor aufmerksam gegenüber, ihre Hand in meiner. Ich schaue unsere Hände an, anstatt ihren Blick zu erwidern. Mir ist klar, ihre Geschichte ist eigentlich schlimmer als meine, aber es tut uns beiden jeweils für uns gleich weh. Egal wie stark der Schmerz ist, er ist nun einmal vorhanden und für jedes Individuum in diesem Moment absolut das Schlimmste, das es sich vorstellen kann. Das eigene Leid ist daher niemals stärker oder schwächer als das des anderen. Es ist eben nicht zu vergleichen.

Ein entferntes Läuten reißt mich aus meinen Gedanken und als ich auf meine Uhr sehe, fahre ich erschrocken hoch.

«Wir müssen gehen, sonst kommen wir zu spät zur Englischstunde!»

9

Rasch laufen wir gemeinsam zu dem Klassenzimmer, in dem wir immer Englisch haben. Kurz habe ich extreme Hemmungen, die Tür zu öffnen und da einfach so reinzuplatzen, doch Guillotine übernimmt das zum Glück und öffnet waghalsig die Tür, sodass ich nun keine andere Wahl mehr habe, als ihr zu folgen.

Die anderen aus unserer Klasse sind natürlich alle schon da und plaudern ausgelassen. Doch sie verstummen schlagartig, als wir beide durch die Tür gehen. Ich sehe zwar niemanden an, aber ich habe das Gefühl, dass sie uns anstarren. Es wird stärker, während ich auf meinen gewohnten Platz zusteuere und ich spüre ihre tötenden, stechenden Blicke im Nacken, wie ich sie Tag für Tag ertragen muss. Sie lassen mich jedes mal innerlich zusammenbrechen. Ich weiß, was sie jetzt denken. Ich weiß es immer. Sie hassen mich. Sie denken, ich sollte gar nicht leben, nicht ihre Luft einatmen. In ihren Augen habe ich kein Recht dazu. Manchmal bin ich so verzweifelt, dass ich das auch noch glaube.

Ich kann es mir nicht anders vorstellen. Sie haben ja alle Rechte. Aber sie haben sie sich einfach genommen ohne zu fragen. Ohne Wenn und Aber. Von einem Moment auf den anderen hatten sie alles und werden seither als die Größten überhaupt gefeiert. Keiner stellt sich ihnen in den Weg. Eher kreuzen sie immer wieder den von mir. Sie wollen andere scheitern sehen und helfen am Besten auch noch nach. Es scheint so, dass sie Spaß daran haben zu sehen wie andere untergehen. Wie ich untergehe.

Ich weiß nicht, was ich machen soll und somit sehe ich lieber in keine dieser Verachtung ausstrahlenden Mienen. Denn ich will mich nicht offenbaren. Nicht meine Schwäche preisgeben, die mir gewiss ins Gesicht geschrieben steht. Dieser Schmerz, der auf mir lastet, lässt sich irgendwie gerade so gar nicht in Gedanken oder gar in Worte fassen. Ich fühle mich so machtlos.

«Ey du, verschwinde!» Gerade will ich mich an meinen gewohnten Platz setzen, doch Ken ist schneller.

«Du sitzt hier nicht mehr, das ist jetzt mein Platz, also zieh ab!»

Ich stehe da wie angewurzelt und weiß nicht wohin mit mir. Solange ich mich auf diesen Stuhl konzentrieren konnte, schien meine Lage erträglich. Jetzt bekomme ich Panik, die auch noch verstärkt wird durch unseren Englischlehrer Herr Links, der gerade vorne erschienen ist und alle auffordert, sich hinzusetzen. Und alle setzen sich auch, nur ich stehe immer noch. Guillotine hat immerhin einen Platz gefunden – ich nicht. Ich bin jetzt die einzige Person, die noch steht und alle Blicke ruhen auf mir in der jetzt plötzlich eintretenden Stille.

«Nikos?»

Der Lehrer blickt mich fragend an und meint dann mit ruhiger, aber dennoch unheilverkündender Stimme: «Ich sagte setzen!»

Diese Situation ist mir extrem unangenehm, denn ich stehe ungewollt im Mittelpunkt und ich kann einfach nicht sagen, was passiert ist. Was sollte ich auch sagen? Dass ich nicht weiß, wo ich mich hinsetzen soll, da man mir meinen Stammplatz weggenommen hat? Niemand wird mir das glauben. Niemand ist Zeuge. Und ich werde jämmerlich klingen...

«Oh... ein neues Gesicht? Wie heißt du denn?»

Guillotine steht wieder auf, was sich irgendwie gut anfühlt, da ich nun nicht mehr alleine da stehe.

«Ich heiße Guillotine...»

Ihr Blick ist leer. Diesmal kann ich es so sehr verstehen, denn Herr Links ist der schlimmste Lehrer an der Schule. Er ist genau wie die Schüler. Er denkt, er wäre der Größte, weil er die Schwachen niedermacht. Aber nur die Jungs. Den Mädchen würde er nie etwas zu Leide tun. Doch ich glaube es ist anders. Er zieht sie förmlich aus. Mit seinen Augen. Jede einzelne... wenn ich das schon so wahrnehme, wie muss das erst für Guillotine sein?

«Also meine Liebe,...», beginnt er wieder «was hast du auf dem Herzen?»

Immerhin merkt er, dass sie sich absolut nicht wohlfühlt. Aber ob das gut ist? Guillotine scheint es auch zu spüren. Dieses Gefühl, wenn dieser Lehrer einen ansieht. Doch bei ihr wird es viel schlimmer sein.

«Nichts...», sagt sie und setzt sich wieder.

Herr Links kommt auf sie zu. Dass ich stehe, haben erst mal alle vergessen, also nutze ich die Ablenkung und halte unauffällig nach einem Platz Ausschau. Aber ich schaffe es nicht, meinen Blick dauerhaft von Guillotine zu lösen. Herr Links legt gerade seinen Arm um ihre Schulter. Sie sitzt da, starrt auf ihren Tisch. Mit diesen leeren Augen, die sie bekommt, wenn sie leidet. Komisch, uns scheint wohl etwas zu verbinden. Ich weiß an ihrem Gesichtsausdruck und ihrer Ausstrahlung manchmal, wie es ihr geht. Doch etwas ist eigenartig. Es ist, als habe sie zwei Gesichter. Die hat zwar jeder ein bisschen, aber bei ihr merkt man es besonders. Oder merke das nur ich? Und warum denke ich das überhaupt? Ich kenne sie doch gar nicht und habe sie heute das erste Mal in meinem Leben gesehen.

Momentan sitzt sie einfach nur da. Der Lehrer merkt wohl doch nichts und geht sogar einen Schritt weiter. Er bückt sich und hebt ihren Kopf am Kinn an, sodass er ihr ins Gesicht blicken kann. Ich fühle mich schlecht, denn ich würde ihr so gerne helfen. Aber was soll ich machen? Ich kann nichts tun, obwohl alles so offensichtlich schief und falsch läuft. Und zugleich sehe ich, wie sie immer distanzierter wird. Dadurch ‹spürt sie nichts›. Sie verschwindet in eine andere Welt. Alles ist nicht mehr wichtig, ihre Seele ist verschlossen. Sie will nur ihre Ruhe, doch ich weiß, der Lehrer wird ihr diese Ruhe nicht gönnen. Wenn jetzt niemand eingreift, wird sie von den Gefühlen erdrückt, die sie zu verdrängen versucht.

«Herr Links... Ken hat mir meinen Platz weggenommen!»

Das zu sagen kostet mich so extrem viel Überwindungskraft, dass ich gerade regelrecht schockiert bin von meiner eigenen Stimme, die so selbstverständlich und klar entschlossen die Stille durchbricht. Normalerweise bleibt sie in solchen Momenten immer weg oder wird zu einem unsicheren Krächzen und verstummt in einem unverständlich leisen Nuscheln. Denn wenn niemand etwas sagt, fällt es mir umso schwerer, etwas in diese ergreifende Stille zu werfen. Mir kommt es dann so vor, als würde das Gesagte nicht passen und das Bild der Stille zerstören. Mal ganz abgesehen von der Aufmerksamkeit, die man dadurch bekommt und die mir extrem unangenehm ist. Doch diesmal musste es einfach sein.

Herr Links steht langsam wieder auf und wirft mir einen seiner geringschätzigsten Blicke zu. Die letzte Reihe macht es ihm nach.

«Na und? Darum hast du dich gefälligst selbst zu kümmern.» Das hatte ich erwartet. Diese Gleichgültigkeit.

«Such dir jetzt einen Platz, sonst gibt's Nachsitzen!»

Stillschweigend mache ich mich auf den Weg zur letzten Reihe wo ein Stuhl abseits steht. Ich fühle mich wie der letzte Dreck. Immer werde ich als böse dargestellt. Als schlechter Schüler... womit habe ich das verdient? Der Stärkere frisst wohl den Schwächeren. So ist die Gesellschaft.

Als ich den Stuhl erreicht habe, blicke ich mich um.

«Ja, wenn man nur Feinde hat und niemand etwas mit einem zu tun haben will, weil man so ein schlechter Schüler ist wie du, dann wird es schwer einen Platz zu finden, oder?»

Ich blicke in das durch und durch schadenfrohe und gemeine Gesicht meines Englischlehrers, der mich auch noch breit angrinst, beschließe das einfach nicht mehr zu sehen und stelle meinen Stuhl zu Guillotine. Dem Lehrer vergeht schlagartig das Grinsen. Beinahe schon hasserfüllt starrt er mich jetzt an und sucht wohl in Gedanken nach einem Weg, mich irgendwie bloßzustellen.

«Hast du sie gefragt, ob du dort überhaupt sitzen darfst?», fragt er mit bebender Stimme.

Bevor ich darüber nachdenken kann, warum ich das eigentlich gerade gemacht habe, blickt Guillotine zum ersten Mal auf, seit sie sich wieder gesetzt hat. Ihre Augen glitzern leicht, als würde sie gleich beginnen zu weinen. Und ihre Stimme zittert etwas, als sie das Wort ergreift. Das scheint aber nur mir aufzufallen.

«Er ist ein Freund. Er muss nicht fragen ob er hier sitzen darf. Außerdem haben Sie mich auch nicht gefragt, ob Sie sich neben meinen Platz hinknien dürfen...»

Das hat gesessen. Die Gesichtszüge des Lehrers sind jetzt gar nicht mehr zu identifizieren. Langsam wird er blass und sagt dann mit ruhiger, doch bestimmter Stimme: «Nachsitzen, nach der Schule.»

10

Die restliche Englischstunde verläuft ähnlich wie sie angefangen hat. Ein paar Mal ruft mich Herr Links auf. Doch alle seine Versuche, mich als wirklich schlechten Schüler darzustellen, scheitern. Denn wie durch ein Wunder fällt mir alles aus den vergangenen Englischstunden wieder ein. Und das, obwohl ich das Gefühl hatte, eigentlich gar nicht wirklich anwesend gewesen zu sein. Das macht ihn wütend. Ich weiß, was er jetzt vorhat. Er sucht ein Fehlverhalten und will mir irgendwie eine Strafe aufgeben, weil ich es seiner Meinung nach verdient hätte. Aber ich habe ja nichts Schlimmes gemacht oder etwas Falsches gesagt. Diese Genugtuung macht mich irgendwie glücklich und ich grinse in mich hinein, während ich ihn da vorne stehen sehe. Verzweifelt und wütend zugleich. Aus irgendeinem Grund fühle ich mich jetzt auch stark. Stark genug um mich bei der nächsten Frage zu melden. Er nimmt mich natürlich nicht dran, aber er sieht, dass ich mich als einzige Person melde.

«Weiß denn niemand die Antwort!?», fragt er die anderen. Nicht mich. Mich ignoriert er. Dann melde ich mich noch energischer als vorher und kann mich gerade so vom Schnippen mit den Fingern abhalten. Niemand achtet jedoch darauf. Guillotine blättert gedankenverloren in ihrem Englischbuch. Es sieht zumindest so aus. Vielleicht sucht sie aber auch nur die Antwort. Das geht solange weiter bis sie bei einer Doppelseite gelandet ist, auf der Amerika dargestellt ist. Und jetzt meldet sie sich auch. Herr Links entdeckt sie sofort und ruft sie auf.

«Ich glaube...», beginnt sie ihren Satz, wird aber von ihm unterbrochen: «Nicht glauben, wissen!»

«Okay, ich weiß nichts Konkretes über die Ausdehnung Amerikas, aber auf Seite 76/77 wird beschrieben wie...»

Sie wird wieder unterbrochen:

«Das hatten wir alles schon... letzte Stunde. Und wenn ich jemanden brauche, der mir auf Knopfdruck etwas wiedergibt,...»

«... dann nehmen sie trotzdem nicht Nikos dran...» Diese Worte flüstert sie, sodass niemand außer mir sie hören kann. Herr Links hat sie demnach zum Glück nicht gehört, kommt aber trotzdem auf uns zu. «dann suche ich nicht bei euch in der Klasse, denn das hat keinen Sinn mit euch!»

Vor unserem Tisch bleibt er stehen. «Du kannst den Arm runternehmen, Nikos.»

Ich folge seiner Anweisung und fühle mich wie im Regen stehen gelassen. Wie bestellt und nicht abgeholt. Jetzt höre ich sie schon «Streber» aus den letzten Reihen rufen. Ich versuche mir einzureden: ‹Wenigstens hast du die Antwort im Gegensatz zu den anderen gewusst›, aber irgendwie klappt der Optimismus mal wieder nicht bei mir. Ich kann es zwar denken, aber glauben werde ich es trotzdem nicht wirklich. Und wissen tu ich schon mal gar nichts Positives.

Den Rest der Stunde hören wir natürlich nicht die Antwort auf seine gestellte Frage, sondern eine Strafpredigt. Aber zumindest fühle ich mich heute nicht so angesprochen wie sonst. Obwohl ich bezweifle, dass sich überhaupt jemand angesprochen fühlt, denn Patrick sagt in unregelmäßigen Abständen das Wort «Pause», sodass Herr Links nach einer Weile selbst genervt «Pause» murmelt.

Die Stunde ist damit also vorbei und alle packen ihr Zeug zusammen. Ich warte noch auf Guillotine, die sich ihre Aufgaben abholt. Ich frage mich, ob sie jetzt nachsitzen muss oder erst nach dem Essen. Sie kommt auf mich zu, lächelt wieder und zwinkert mir zu. Ich spüre wie mir die Röte ins Gesicht steigt. Ein Gefühl, das mir ungewohnt angenehm erscheint. ‹Etwas paradox›, denke ich, während wir wieder zu den Schließfächern gehen. Niemand sagt etwas und sogar die Stimmen in mir schweigen. Normalerweise machen sie mich fertig. Es sind nicht mal direkt Stimmen, vielleicht auch nur Gedanken. Sie klingen zwar nicht wie Patrick, aber flüstern die gleichen Worte in mein Ohr, die ich jedes Mal aus seinen Augen herauszulesen glaube. In diesem Moment nehme ich das jedoch gar nicht wahr. Irgendwie wird all das Negative gerade von etwas unterdrückt.

Wir stopfen unsere Schultaschen in die Schließfächer und machen uns auf den Weg zur Kantine.

«Was gibt es heute zu essen?», fragt mich Guillotine.

«So komisches Zeug mit Käse drin... glaube ich.»

«Ah. Hüttenkäse?»

«Ich bin mir nicht sicher... der ist weiß und naja...»

Dieses total gewöhnliche Gespräch mit ihr irritiert mich etwas, daher weiß ich nicht genau, was ich antworten soll.

«Hüttenkäse... nennt man das glaube ich... äh, nein: Natürlich weiß ich das, auch wenn's vielleicht nicht stimmt...»

Sie sieht mich an. Mit strahlend grünen Augen. Und sie lächelt wieder. Kein großes Lachen, aber eine Andeutung auf ein kleines Lächeln. Ich schmunzle, denn ich weiß was sie meint.

«Nicht glauben, wissen...», wiederhole ich leise die Worte von Herr Links für mich. Sie nickt. Mir war gar nicht bewusst, dass ich diese Worte ausgesprochen habe. Doch Guillotine jetzt danach zu fragen erscheint mir nicht angemessen, beinahe schon irre. Und es macht mich auch etwas nervös, so einfach etwas dahergesagt zu haben. Also setze ich lieber wieder das Thema Essen fort:

«Ja, ähm...dazu gibt's dann Kartoffeln...»

Dass diese auch noch mit 10 Litern Soße total trocken sind, sage ich lieber nicht, um ihr nicht den Appetit zu verderben. Sie wird schon selbst wissen, wie sowas schmeckt. Oder auch nicht. Es ist jedenfalls nicht schwer, sich vorzustellen, dass das kein super tolles Menü wird bei der Masse an Essen, die zubereitet werden muss. Eher wird es nach einer Weile schwerer, sich noch normale Kartoffeln vorzustellen. Aber wer weiß. Vielleicht schmecken ihr diese Kantinen-Kartoffeln ja auch?

Wir stellen uns an. Ich erkläre ihr, wie man das Tablett nimmt, wo es Besteck gibt und was man noch so alles wissen muss. Dann suchen wir uns einen Tisch und es ist sogar noch einer komplett frei. Dort angekommen setzen wir uns gegenüber.

«Guten Appetit», sage ich.

«Danke, dir auch», erwidert sie mit interessiertem Blick auf ihr Essen.

Ich beginne wie gewohnt das Fleisch um den Hüttenkäse abzuschneiden und esse nur das und ein paar Kartoffeln. Während dem Schneiden blicke ich kurz auf und stelle zur Überraschung fest, dass Guillotine noch keinen Bissen zu sich genommen hat. Sie sitzt da und starrt meinen Teller an.

«Was machst du da?», fragt sie mich.

«Ich? Äh... ich mag keinen Hüttenkäse und deshalb schneide ich das Fleisch ab und esse nur das...»

«Und das geht?»

«Ja.»

«Oh, na dann...» Sie beginnt ebenfalls das Fleisch abzuschneiden und es zu essen.

«Machst du das immer so?», fragt sie mich, nachdem sie den ersten Bissen gegessen hat.

«Ja, ich hasse diesen Hüttenkäse... oder was auch immer das ist...» Ich stochere vielsagend in dem weißen Zeug rum.

«Nennen wir es einfach Hüttenkäse...»

«Ja. Bis wir wissen, was es wirklich ist.»

Wir sehen uns an und lachen automatisch los, weil das Gespräch so idiotisch ist.

«Nein, wir wissen es doch, oder? Der Lehrer hat mich verwirrt…»

«Mich auch…», sage ich schon wieder so unbewusst, was ein ganz neues Gefühl für mich ist. Normalerweise denke ich immer über jedes Wort ganz genau nach, das ich sagen möchte und sage dann aus einer Art Angst heraus gar nichts mehr. Es könnte ja falsch sein. Aber diesmal ist es nicht so. Ich führe ein lockeres Gespräch mit jemandem, den ich sogar wirklich mag und bei dem ich so sein kann wie ich bin. Es tut gut, sich so locker zu unterhalten über alles und nichts. Sich nicht immer zwingen zu müssen, etwas zu sagen und das Gesagte dann mehrmals infrage zu stellen, ist wirklich ein tolles Gefühl. Das hatte ich bisher nur mit meiner Mum und Mario.

11

Den Rest der Mittagspause verbringen wir damit, in einem leeren Klassenzimmer unsere Hausaufgaben zu machen. Herr Links hat uns natürlich am meisten auf-gegeben. Und das alles muss bis morgen fertig werden! Meine Konzentration lässt jedoch jetzt schon nach und ich lasse mich von den Jungs ablenken, die draußen auf dem Schulhof Fußball spielen. Ich sehe aus dem Fens-ter und Patrick, wie er wieder neue Schüler auf seine Seite ziehen will. Diesmal ist es ein kleiner Junge aus der Unterstufe. Der scheint ziemlich begeistert von ihm zu sein. Wie er ihn anstrahlt. Er weiß ja noch nicht was ihn erwartet, wenn Patrick wieder seine Launen hat.

Dann tut er nämlich nicht mehr so nett und sucht sich jemanden, den er piesacken kann. Mit Ken macht er das gelegentlich auch, aber vielleicht ist das auch nur eine Art von Humor, die ich nicht verstehe und von außen einfach nicht nachvollziehen kann.

Guillotine blickt auf und sieht ebenfalls kurz aus dem Fenster, dann widmet sie sich wieder ihrer Strafarbeit. Herr Links hat sie zwar gehen lassen aber jetzt muss sie einen Aufsatz über Schuluniformen schreiben. Unsere Schule besitzt noch keine, aber es werden wohl bald welche eingeführt, da freie Kleiderwahl für Mobbing sorgen könnte. Aber sowas findet hier ja angeblich noch nicht statt.

‹Das war's dann auch wohl mit dem schwarzen Nagellack›, denke ich mir und starre gedankenverloren auf meine fein säuberlich lackierten Fingernägel. Mittlerweile kann ich das schon ganz gut. Ich weiß gar nicht mehr, wann ich damit angefangen habe. Mir ist, als würde ich das schon immer machen. Die Nägel sind wohl auch ein Grund dafür, dass ich gemobbt werde. Aber das wurde ich früher auch ohne dieses Markenzeichen. Als ich noch erfolglos versucht habe, mich anzupassen. Doch heute ist mir mein Stil wichtiger als solche falschen Freunde wie Patrick. Ich will nicht so sein, will mich nicht anpassen. Vielleicht hab ich es ja deshalb verdient und all das, was die anderen über mich denken ist berechtigt? ‹Ich wollte es ja so.› Das sage ich mir immer wieder. Irgendwie mildert das jedoch nicht das schreckliche Gefühl, so anders zu sein. Wie ein farbloses Puzzleteil von einem bunten Bild, das nirgends dazu passt. Und dabei erscheinen mir alle auf dieser

Schule so falsch. Bis auf Guillotine. Sie ist ein weißes Puzzleteil.

Ganz in diesen Gedanken versunken blicke ich sie an. Sie schreibt, als würde ihr Leben davon abhängen. Ihre schulterlangen glatten Haare fallen ihr ins Gesicht. Ich merke gerade, dass ich mich schon wieder ablenken lasse und sehe wieder in mein Englischbuch. Die Buchstaben verschwimmen jedoch und ich muss mehrmals blinzeln um sie wieder scharf zu sehen. So beginne ich einen Text zu lesen, den ich nicht verstehen kann, da immer wieder alles vor meinen Augen verschwimmt. Das versuche ich, bis mir langsam der Kopf wehtut und ich merke, dass ich immer noch nicht über die ersten zwei Sätze hinaus bin. So wende ich mich also wieder ab und sehe mich im Raum um, bis ich an der Tür haften bleibe, die sich nicht öffnet. ‹Wieso denn auch? Warum sollte sie aufgehen?› frage ich mich und mein Blick schweift weiter im Zimmer umher. Über die Bücherregale, Tische, Stühle,... und über Guillotine, die immer noch schreibt. So sehe ich sie eine Weile einfach nur an. Bis sie irgendwann aufblickt.

«Kann es sein, dass dir langweilig ist?», fragt sie mich.

«Ich kann mich nicht mehr konzentrieren...», antworte ich ehrlich. Sie sieht auf meine Armbanduhr, dann zu mir.

«Bald ist sowieso Unterricht, also können wir ruhig aufhören.»

Ich bin mir nicht sicher, aber sie hat bestimmt gemerkt, dass ich sie die meiste Zeit angesehen habe. Zu gerne würde ich wissen, wie das auf sie wirkt... wenn es sie stört, sollte ich es lassen. Ja. Ich lasse es lieber.

12

Die Mittagspause ist vorbei, jetzt haben wir Geschichte bei Herrn Frauke. Guillotine und ich sind zum Glück die ersten und pflanzen uns in die zweite Reihe. Das Klassenzimmer ist leer, die Tür geschlossen. Ich genieße bewusst diese schöne Stille ohne Stimmen, aber plötzlich wird mit einem Ruck die Tür aufgerissen und eine Gruppe von Mädchen betritt lautstark den Raum. Sie alle sehen irgendwie gleich aus und heben sich voneinander nicht sonderlich ab. Vielleicht habe ich sie mir aber auch noch nie so angesehen wie jetzt. Im Vergleich zu Guillotine fällt mir das nämlich gerade extrem auf, da sie schon sehr besonders aussieht.

Während ich eigentlich nur schwarze Kleidung trage, trägt sie sehr helle Kleidung. Die Mädchen aus unserer Klasse hingegen tragen alle die gleiche Art Jeans, die gleiche Art Shirt, die gleichen Schuhe. Sie tragen auch alle ihre Haare zu einem Dutt. Das ist irgendwie sehr erschreckend.

Ich kenne zwar ihre Namen, aber da ich nicht viel mit ihnen rede, sage ich nicht hallo, als sie reinkommen. Im Gegensatz zu Guillotine.

«Hallo», sagt sie ausdruckslos, aber irgendwie schafft sie es, es nicht so wirken zu lassen mit der Spur eines Lächelns. Die Mädchen, die gerade noch gelacht haben, sind nun ganz still und starren sie an. Jetzt weiß ich wieder, warum ich ihnen nicht hallo sage und ich frage mich, was Guillotine dazu bewogen haben könnte.

Der Sportunterricht verlief ja nicht so prickelnd. Warum versucht sie dennoch, diesen Zicken entgegen zu kommen und nett zu sein? Ich muss ihr wohl noch vieles erklären. Nämlich dass man die, die sich höher gelegen fühlen, lieber nicht einfach so begrüßt, weil sie einen als unmenschlich und nicht würdig betrachten. Ich bin mir auch sicher, dass das nächste Thema ihrer Lästerstunde folgendes sein wird:

«Boah, die Foltertussi hat uns tatsächlich hallo gesagt, was erlaubt die sich eigentlich? Halloooo?!»

Die Mädchen haben sich längst wieder von uns weg gedreht ohne zurück zu grüßen und werfen sich nun stille Blicke zu. Dann geht die Tür ein weiteres Mal auf. Diesmal sind es Patrick, Ken und der dritte im Bunde: Marcel. Warum Marcel sich zu Patrick gesellt oder Patrick Marcel bei sich akzeptiert, verstehe ich auch nicht so ganz. Er ist mit seinen 1,80 m der größte in der Klasse, richtet sich nicht nach Trends und sieht eigentlich immer gleich aus mit seinen dunklen kurzen Haaren und den grün-weißen Shirts. Das scheinen seine Lieblingsfarben zu sein, denn er hat sie in allen möglichen Varianten, ob gestreift oder liniert oder einfach nur mit einem weißen Punkt auf grün oder umgekehrt. Geistig ist Marcel auch den meisten überlegen und seine Noten sind immer sehr gut, auch wenn er wie er immer sagt nie was dafür tut. Ich frage mich, warum er dennoch Patricks Manipulationstricks nicht durchschaut.

Patrick begrüßt zuerst die Mädchen, die ganz hin und weg von ihm sind. Ein Küsschen links, ein Küsschen rechts und seiner Freundin einen auf den Mund.

«Ey, was glotzt du? Bin ich Kino oda was?!»

Er kommt auf mich zu, wie er es immer macht, Tag für Tag. Jetzt wird er wieder Unsinn reden und mir irgendwas androhen. Seltsamerweise verspüre ich diesmal eher eine Art Belustigung als Angst.

«Willste Stress?», fragt er so ernst und mit einem überlegenen Ausdruck im Gesicht, dass man wirklich glauben könnte, dass er gleich Gewalt anwendet.

«Nein», antworte ich ruhig.

«Dann glotz' mich nicht an!»

«J...» Gerade, als ich wie immer mit «ja» antworten will, um meine Ruhe zu haben, mischt sich überraschenderweise Guillotine ein.

«Hast du nichts Besseres zu tun, als andere fertig zu machen? Du kommst dir wohl toll vor...»

Dabei sieht sie eben so entschlossen wie er in sein Gesicht. Direkt in seine Augen, was ihm wohl unangenehm ist, denn er weicht einige Schritte zurück und sein Gesichtsausdruck verändert sich schlagartig. Nun wirkt er nicht mehr so selbstsicher wie vorhin. Etwa eine Schwäche von ihm? Die Mädchen sehen Patrick besorgt an. Er scheint das zu merken und geht so cool und lässig wie er nur kann zu ihnen hin.

«Scheiß Satanistenpack», hört man nur noch von ihm, dann kommt auch schon der Rest der Klasse. Aber natürlich hört das niemand und es kann ihnen doch auch egal sein, solange der Kelch an ihnen vorüber geht.

Zu einigen habe ich zwar ein neutrales Verhältnis, was kaum zu glauben ist, aber das bedeutet nur, dass sie weder Feinde noch Freunde sind. Nur Leute, mit denen man auch mal in der Gruppe arbeiten kann, wenn es denn sein muss. Eine Person, die ich als guten Freund bezeichnen würde, hatte ich hier noch nie. Immer stand ich alleine in den Pausen und habe so für mich selbst gelebt und mich abgekapselt, gehofft, dass der Tag bald endet und ich endlich wieder gehen kann. Immer habe ich vorgetäuscht, dass mir das alles egal wäre, doch das war es nie. Ist es nie gewesen. Im Grunde tat es weh, alleine zu sein und zu sehen wie andere Spaß haben und eine richtige Gruppe bilden, die zusammen hält. Doch am meisten tat es mir weh, dass Patrick immer seine Sprüche losließ und ich dem nichts entgegenbringen konnte. Nun gut, das kann ich immer noch nicht, aber das Gefühl ihm gegenüber beginnt sich zu verändern.

Wie ihr merkt, denke, schreibe, rede ich in der Vergangenheit. Denn ich glaube in Guillotine eine Freundin gefunden zu haben. Jemand, der mir hilft und dem ich helfen kann. Das ging zwar alles sehr schnell innerhalb eines Tages, aber durch dieses immense Vertrauen, das wir uns heute immer wieder entgegengebracht haben, bin ich mir sicher, dass da eine Verbundenheit existiert, die sogar weit über die Gruppendynamik in unserer Klasse hinausgeht. Ich glaube es nicht nur, ich weiß es sogar.

Bei diesem Gedanken lächle ich sie an. Und sie lächelt zurück.

zwei

1

Es ist später Nachmittag. Die Schule ist längst aus und ich sitze zu Hause in meinem Zimmer und warte auf einen Anruf von Mario, der allerdings nicht kommt. Also werde ich mal versuchen ihn zu erreichen. Gerade wähle ich die Nummer, da klingelt auch schon das Telefon in meiner Hand. Es ist Mario.

«Hey Nikos!»

«Hey Mario! Ich wollte dich gerade anrufen...»

«Echt?»

«Ja, ich hatte schon deine Nummer gewählt.»

«So'n Zufall.»

«Und, wie geht's? Was machen deine Eltern?»

«Wollen sich immer noch scheiden lassen. Aber es wird wohl so sein, dass mein Dad wegzieht. Sehr weit weg ans andere Ende vom Land oder so und meine Mum bleibt hier. Jetzt können sie sich nur nicht entscheiden, was mit mir passiert.»

«Oh...»

«Aber am Freitag weiß ich mehr. Kannst du da?»

«Ja, klar.»

«Und wie geht's dir so?»

«Oh man, Mario... mir geht's gerade so... so gut! Hab ein Mädchen kennen gelernt...»

«Echt? Wer? Wie? Wo? Waaaas?»

«Bei mir in der Klasse, sie ist neu dazugekommen.»

«Boah Nikos, das ist ja spitze!»

«Jo...»

«Bring sie doch am Freitag mit, dann lerne ich sie kennen... seid ihr schon zusammen?»

«Äh... nein. Wir sind uns heute das erste Mal begegnet... und wohl nur befreundet, aber verdammt tief.»

«Wow... bring sie trotzdem mit. Ein Mädchen, ist das krass!»

«Okay, ich frag sie mal. Ach ja, wir sind Nachbarn.»

«Dann geh rüber und frag sie jetzt, man! Ruf dann noch mal an.»

«Wir haben erst Montag. Ich kann sie morgen auch noch fragen.»

«Okay... ich bin nur so verdammt ungeduldig geworden. Ich will wieder Wochenende. Diese Woche wird hart werden: Drei Arbeiten! Deutsch, Mathe, Geschichte. Das schafft doch keiner...»

«Sei froh, dass du nicht Herr Links in Englisch hast!»

«Hast Recht, da bin ich froh.»

«Wie wär's mit ein bisschen Mitleid?»

«Ooooh, armer Nikos! Aber erzähl doch mal von dem Mädchen. Wie heißt sie?»

«Guillotine.»

«Wie das Hinrichtungsgerät aus dem Mittelalter?»

«Wie feinfühlig von dir... aber ja, wie das Hinrichtungsgerät aus dem Mittelalter.»

«Sorry...»

«Schon gut... aber sie ist echt nett und auch anders als andere. Und vor allem ist sie auf meiner Seite.»

«Cool... was sagt dieser Typ, der immer alle fertig macht?»

«Patrick? Hmm... ich denke mal, er wird seine Gemeinheiten noch genug ausleben... »

«Hat er wieder gedroht?»

«Es geht... ich hab ja jetzt Guillotine, die zu mir steht... und ich zu ihr. So krass, die hat dem heute einfach so kontra gegeben!»

«Bin schon gespannt, ob das nicht doch was zwischen euch wird?! Oh, ich muss Schluss machen, es hat geklingelt.»

«Okay, wir hören ja voneinander.»

«Ja... bis dann!»

«Bis dann! Ciao.»

Mir kommt das alles so komisch vor. Mario und ich haben ganz unterschiedliche Ansichten, was Beziehungen angeht. Er ist der Meinung, man müsse so schnell wie möglich zusammenkommen. Ich sehe das allerdings etwas anders. Wie viele Beziehungen wohl schon zu Bruch gegangen sind, weil alles ganz schnell gehen musste? Vielleicht liegt das an den Büchern die ich lese, dass ich da anders denke. Auf eine genaue Meinung will ich mich jedoch nicht festlegen. Dazu fehlt mir echt die nötige Erfahrung in Sachen Beziehungen. Letztendlich ist das, was in den Büchern steht, also nicht mal wirklich nachvollziehbar für mich. Ich kann zwar versuchen mich hineinzuversetzen, aber verstehen werde ich das alles erst, wenn ich selber handle und die Dinge selbst erlebe. Und vermutlich wird es dann auch alles ganz anders als in der Fiktion eines Buches...

Ich blicke auf die Uhr: 18:16 Uhr. Hausaufgaben habe ich schon fertig gemacht und mit Mario habe ich auch telefoniert. Meine Mum kommt in einer Stunde von der Arbeit und im Fernsehen läuft ja nie was Gescheites. Also mache ich wie so oft einfach mal den PC an und checke meine Mails. Auch wenn sich meine Mum dann wieder beschwert, wenn sie mich am PC vorfindet. Aber ich muss einfach irgendetwas machen. Es ist eine Mischung aus Ungeduld und Langeweile; einfach der Drang, irgendetwas zu machen und nicht einfach nur so rumzuliegen. Nachdem ich das nötigste gelesen habe, weiß ich wieder nichts mit mir anzufangen. Auf sozialen Netzwerken bin ich eher selten aktiv.

Eine Weile sitze ich also einfach nur auf meinem drehbaren Computerstuhl und drehe mich mal nach links, mal nach rechts. Ich bin gerade in einer sehr leeren Stimmung ohne genau zu wissen, woher das kommt. Da ich noch etwas Zeit habe bis meine Mum nach Hause kommt, beschließe ich, dass ich nun doch noch an meiner Geschichte weiter schreiben könnte. Es ist zumindest besser, als sinnlos im Internet zu surfen oder mich in einem undefinierbaren Kreis zu drehen. Also öffne ich die Datei und lese mir die drei Sätze von gestern noch mal durch. Dann lege ich meine Finger auf die Tastatur ohne eigentlich genau zu wissen, wie es weitergehen soll. ‹Aber irgendetwas muss ich ja schreiben› denke ich mir, da klingelt das Telefon wieder. Obwohl ich noch nicht einmal wirklich mit dem Schreiben angefangen habe, fühle ich mich unterbrochen. Wie wäre es, wenn ich mir die Nummer ansehe und nichts mache? Wenn es wichtig ist, kann die Person immer noch auf den Anrufbeantworter sprechen. Und wenn nicht, dann eben nicht. Wozu ist das blöde Ding denn da? Sicherlich nicht zur Dekoration, oder weil es so schön klingt, wenn eine nicht anwesende Stimme einem sagt, dass niemand zu Hause ist. Nein, ein Anrufbeantworter ist dazu da, damit man weiß, obwohl man nicht da ist, dass jemand in besagter Abwesenheit angerufen hat. Normalerweise sollte man aber auch etwas «aufs Band» sprechen. Nur, das macht irgendwie nie jemand. So ist es zumindest bei mir. Das Klingeln verstummt und ich höre meinen Anrufbeantworter mit meiner Stimme sagen:

«Hey du! Die Sprechstunde ist vorbei. Versuch's also zu einem anderen Zeitpunkt noch mal. Aber wenn's dringend ist und du unbedingt was loswerden willst, dann sag es nach dem Piepton!»

Doch soweit kommt es wieder einmal nicht, weil die Person, wie unzählige davor, einfach auflegt. Da lässt man sich schon mal was Witziges als Anrufbeantworter-Spruch einfallen und niemanden interessiert es.

Langsam stehe ich auf und mache mich nun doch auf den Weg ins Wohnzimmer. ‹Ich hab ja Zeit›, denke ich mir. ‹Und kreativ werde ich wohl heute nicht mehr.› Ein flüchtiger Blick auf das Telefon verrät mir, dass «Unbekannt» angerufen hat. Wie ich das hasse. Zurückrufen kann ich jetzt nicht mehr. Aber das würde ich vermutlich selbst dann nicht, wenn die Nummer angezeigt wäre. Ich erinnere mich an die erste und einzige Situation in der ich das gemacht habe. Nur das komische war, es war eine Handynummer und die Person hat auch noch auf meinem Handy angerufen. Es haben aber nur drei Leute meine Nummer: Meine Mum, Mario und meine Patentante, also Marios Mum. ‹Also woher hatte die Person meine Nummer?›, fragte ich mich damals und rief zurück. Die Person, ein Mädchen übrigens, meldete sich mit «Ja?!» Ich sagte nichts, weil in solchen Momenten immer meine Stimme weg ist. Sie sagte allerdings auch nichts mehr. Und nach zwei Minuten beschloss ich, dass das Geldverschwendung ist und legte auf. Sie rief zurück, ich nahm nicht mehr ab. Und da man ja nicht auf Mailbox, Anrufbeantworter, T-Net-Box etc. spricht, war der Fall für mich erledigt. Ich würde also nicht mehr zurückrufen, wenn eine Nummer auf dem Display steht, die zwar nicht unterdrückt ist, die ich aber trotzdem nicht kenne. Wenn einer was will, wird er sich wieder melden... Unbekannt wird das auch tun.

Obwohl ich mich gerade sehr über all das aufrege, bin ich selbst mit meiner schüchternen Verschwiegenheit allgemein und am Telefon nicht besser. Ich hinterlasse auch nie Nachrichten. Irgendwie ist das bei mir Gewohnheit geworden, obwohl ich es nie wollte oder mich bewusst dafür entschieden habe. Es war schon immer so und etwas zu ändern würde viel Kraft und einen Willen kosten.

Ich denke, wir alle hätten das Problem nicht, wenn man den Kindern von klein auf beibringen würde, wie ein Anrufbeantworter funktioniert und dass man den auch benutzen sollte. Vielleicht würde das ja dafür sorgen, dass Kinder besser mit Worten umgehen könnten? Ich weiß nämlich nie, was ich auf den Anrufbeantworter sprechen soll. Aber ich gehöre auch zu den Personen, die sich dafür extra einen Text schreiben und ihn dann ablesen würden... und den hab ich dann ja nicht zur Hand, weil ich ja nicht immer damit rechne, dass der Anrufbeantworter ran geht. Das ist alles irgendwie verrückt. Meine Ausrede hierbei ist auch, dass dann ja jemand etwas sehr Persönliches von mir hat. Einen Moment meiner Sprache. Doch das alles ist irgendwie mit Sprachnachrichten via Smartphone so bedeutungslos geworden. Ich mag irgendwie so nicht sein. Bedeutungslos? Bedeutungsloses sagen?

Ein Blick auf die Uhr verrät mir, dass meine Mum bald von der Arbeit kommen müsste. ‹Ich hab's!› Ich erschrecke mich etwas von meinem eigenen «Geistesblitz», der meine Motivationslosigkeit durchbricht, doch die Idee, die mir gerade spontan gekommen ist, ist gar nicht mal so schlecht. ‹Heute mache ich mal Abendessen.› Da freut sich meine Mum sicherlich, denn sie beschwert sich immer, wie fertig sie doch nach der Arbeit ist. Den ganzen Tag muss sie im Laden stehen und irgendwelchen Leuten Sachen andrehen, die sie wohl von selbst nicht kaufen würden. Eben Dekoration, die nicht jedermanns Sache wäre, da sie etwas außergewöhnlich aussieht und zudem nicht ganz billig ist. Es kommt einfach auf den Geschmack der Kunden an. Die suchen den Laden ja deshalb auf. Immerhin läuft der Laden schon seit Jahren gut und meine Mum ist gut mit dem Chef und seiner Frau befreundet. Das bedeutet, sie mag den Job trotzdem irgendwie, auch wenn sie den Dekokram manchmal hasst.

Mittlerweile stehe ich vor unserem Kühlschrank, der zum Glück wieder etwas voller ist als heute Morgen. Brot und Toast gibt es jetzt auch wieder und ich beginne eine Art «Platte» anzurichten. Dazu belege ich Scheiben vom Brot und Toast mal mit Wurst, mal mit

Käse. Dann schneide ich sie in kleinere Stücke und lege sie auf einen großen Teller. Einen Salat mache ich auch noch. Während ich die Salatsoße über den Kopfsalat und die Tomaten gieße, kommt meine Mum in die Küche. Als ich sie auf einmal vor mir stehen sehe, fällt mir fast die Schüssel aus der Hand vor Schreck, da ich nicht mal gehört habe, wie sie die Wohnungstür aufgeschlossen hat. Sie lächelt nur.

«. . . wie eine Katze», sagt sie und beendet meinen Gedanken.

«Es gibt Abendessen!» Von mir ausgesprochen klingt der Satz komisch. Wahrscheinlich, weil ich ihn so selten sage.

«Oh, womit habe ich das bloß verdient?»

Sie freut sich und holt uns Besteck und Teller und gemeinsam setzen wir uns an den Tisch.

Nach einer Weile sagt sie: «Vielleicht räumst du mal dein Zimmer auf. . . »

«Es ist aufgeräumt», antworte ich.

«Staubgesaugt?»

«Ja.»

«Auch unterm Bett?»

«Ja. . . » Man merkt, ich rede nicht gerne über mein Zimmer.

«Und. . . der Schrank?»

Volltreffer. Jetzt hat sie mich, denn da kann ich nicht «ja» sagen. Also sage ich nichts.

«Ha! Wusst' ich's doch. . . », sagt meine Mum triumphierend, aber mit einem Lächeln. Ich verspreche ihr, mich später darum zu kümmern. Sie meint, dafür würde sie auch die Küche aufräumen. Eigentlich ist es bei uns so, dass jeder nach sich aufräumt. Und da ich Essen gemacht habe, müsste ich also aufräumen. Ich bin zwar nicht so begeistert, aber bedanke mich trotzdem bei ihr für das Angebot, das bestimmt einen psychologischen Hintergrund hat. Und obwohl ich diese harmlose kleine Manipulationstechnik natürlich durchschaut habe, stehe ich irgendwann auf und gehe in mein Zimmer. Als ich den Schrank öffne, wird mir schlagartig klar, dass das dauern wird. Doch die Zeit muss sein. Also suche ich mir in Ruhe irgendeine CD raus und lege sie in meinen CD-Player ein. Das hat etwas mit einer Entscheidungsfrage zu tun. Am Rechner habe ich zu viel Musikauswahl und was mich ablenken könnte von meiner Musiksuche. Eine CD ist einfach eine CD. Was drauf ist, ist drauf. Nicht mehr und nicht weniger.

Bereits die ersten Zeilen lassen mich entspannen und ich beginne, meinen Schrank erst mal komplett auszuräumen – mit Genesis im Hintergrund... wahrscheinlich ist das jetzt total uncool für mein Alter und meine Generation, aber ich liebe einfach diese Band!

I must've dreamed a thousand dreams

Been haunted by a million screams

2

Die Nacht verläuft heute ruhig. Diesmal weckt mich kein Gewitter, nur der Wecker am nächsten Morgen. Erschrocken fahre ich hoch und taste nach ihm, um das Geräusch abzustellen. Irgendwie ist es anders als gestern: Dieses Gefühl, das man beim Aufstehen hat. Normalerweise freue ich mich nicht im Geringsten auf die Schule, aber jetzt kommt mir das alles gar nicht mehr so schrecklich vor. Als Freude würde ich es nicht bezeichnen, aber es hat sich auf jeden Fall etwas gebessert. Nach dem Motto: Schlecht, aber nicht mehr ganz so schlecht vermischt mit ein wenig Aufregung, die ich noch nicht wirklich einordnen kann.

Ich schalte mein Radio an und öffne meinen Kleiderschrank. ‹Alles schön ordentlich› denke ich und bin nun doch froh, ihn gestern noch aufgeräumt zu haben. Im Radio stellen sie gerade die neusten Kinofilme, DVDs, CDs und Bücher vor. Zwar höre ich nur mit einem Ohr zu, aber denke mir, ich könnte doch auch mal wieder ins Kino gehen. Vielleicht mit Guillotine? Macht man das so? Was unternimmt man eigentlich so mit einem Mädchen?

Aus meinem Kleiderschrank wähle ich unter all dem Schwarzen etwas Schwarzes und lächle dabei. Irgendwie mag ich das Anderssein heute. Ich blicke in den Spiegel und bin nicht gerade begeistert, aber ein warmes Gefühl überkommt mich irgendwie, während ich das schwarze Shirt über meinen Kopf ziehe mit den schwarzen mittellangen Haaren und den schwarzen Nägeln. ‹Ich wollte es so› kommt mir mein Gedanke von gestern in den Sinn. ‹Und wenn Guillotine das akzeptiert, will ich nicht anders sein.›

Im Radio läuft nun wieder Musik und die Red Hot Chilli Peppers fragen mich «How long...» Ich lasse mir extra Zeit, denn ich mag das Lied. Aber soweit ist es noch nicht gekommen, dass ich mitsinge...

Mein Rucksack ist gerichtet und ich setze mich aufs Bett und warte bis das Lied zu Ende ist. ‹Schmuck!› Es trifft mich wie ein Geistesblitz und ich stürme zu meinem Kästchen, wo ich meine Nietenarmbänder, Ringe, Uhren und Anhänger lagere. Ich nehme mir das Nötigste, was mir gleich ein angenehmeres Gefühl gibt und mache dann doch total nervös und aufgeregt das Radio aus, packe mein Zeug und gehe in die Küche um mir schnell noch einen Kaffee zu machen.

Meine Mum ist noch nicht wach. Sie steht erst später auf. Ich trinke also meinen Espresso alleine aus, stelle die Tasse vorbildlich in die Spülmaschine und gehe aus dem Haus Richtung Bushaltestelle.

3

Im Bus steuere ich wie immer auf meinen Stammplatz zu. Das sehr helle blonde Mädchen fällt mir als erstes auf, da sie auf meinem Platz sitzt. Es ist Guillotine. Sie blickt gedankenverloren aus dem Fenster. Kurz frage ich mich, warum ich nicht gesehen habe, wie sie eingestiegen ist, doch dann neigt sie ihren Kopf auch schon in meine Richtung und grüßt mich: «Hi.»

«Hallo», sage ich und setze mich neben sie. Bereits jetzt geht mir der Gesprächsstoff aus. Aber ich fühle mich trotzdem sehr wohl und das Schweigen erscheint mir gar nicht so unangenehm schlimm wie sonst. «Wie geht's?» zu fragen finde ich in so einem Moment auch irgendwie taktlos, unpassend und einfallslos. Aber andererseits: Wenn man sich wirklich Gedanken macht und alles analysiert, kommt man zu dem Schluss, dass man am Anfang etwas anderes wohl gar nicht sagen kann. Für mich klingt das aber immer etwas gezwungen. «Wie geht's?» zu fragen ist somit nicht immer die beste Lösung, wenn auch oft die einzige. Entscheidend ist doch, dass ein Gespräch entsteht, oder? Aber mir fällt auf, dass die meisten darauf sowieso nur «gut» antworten und so kommt ja eigentlich dann auch kein Gespräch zustande. Ob es den Personen wirklich gut geht, ist eine andere Sache.

Komisch, dass ich trotz diesem neuen Gefühl des Vertrauens Guillotine gegenüber dennoch etwas Angst habe, einfach ein Gespräch anzufangen. Ja, ich gebe zu, ich habe Angst. Angst etwas Falsches, Unwichtiges, Unpassendes zu sagen. Gestern erst habe ich dieses besondere und mir so nahe erscheinende Mädchen kennen gelernt. Aber gut genug kenne ich sie eben doch noch nicht. Nach einem Tag wäre das ja auch ein Wunder. Obwohl ich mir sicher bin, dass da ein Band ist, das uns verbindet. Und auch wenn das jetzt naiv, kitschig und kindisch klingt, ist es nun mal so. Ich erahne sehr oft wie sie sich fühlt und kann sie gut einschätzen, was denke ich mal nicht jeder könnte oder wozu bestimmt nicht jeder bereit ist, eben weil sie so unglaublich komplex ist. Aber es geht mir irgendwie gar nicht darum, endlich eine Freundin zu finden, so wie Mario das sieht, sondern es ist etwas anderes. Etwas zieht mich an diesem Mädchen an, es fasziniert mich und ich mag sie auch. Aber Liebe? Ich denke nicht, dass das Liebe sein könnte. Was ist das denn auch schon, Liebe?

«Was ist?», fragt mich Guillotine und mir wird schlagartig bewusst, dass ich wohl wieder einmal in der Gegend herumgestarrt habe.

«Nichts, ich denke nur nach...», antworte ich.

«Dann ist es ja nicht nichts... über was denkst du denn nach?»

Ich blicke ihr in die Augen und genau in diesem Moment vergesse ich was ich sagen wollte.

«Äh... », beginne ich eine nichtssagende Antwort. Doch da ist nichts. Als hätte ich keine Wörter mehr im Kopf. So etwas ist mir so bewusst wie jetzt noch nie passiert! Ich beginne mich irgendwie dumm zu fühlen, weil ich nicht antworte und ihr nur in die Augen starre. Doch sie beginnt einfach zu lächeln.

«Okay, sag's mir ein andermal.»

Und damit dreht sie sich zum Fenster. Ich murmele ein «danke» und fühle mich irgendwie mies. Ich weiß ja nicht, wie sie uns sieht. Aber ich sehe uns als gute Freunde. Oder etwa doch nicht? Warum denke ich den Mist überhaupt? Am liebsten würde ich mit ihr darüber reden, aber mir fehlen nach wie vor die Worte. Und es wäre lächerlich nach einem Tag solche Themen anzusprechen. Außerdem kommt sie mir gerade wieder unberechenbar vor. Ich kann trotz der Verbundenheit zu ihr ihre Reaktion nicht abschätzen. Genauso gut wie ich sie kenne, kenne ich sie also auch nicht. Es ist alles so... so paradox.

Man weiß nie, ob sie wirklich so glücklich ist wie sie vorgibt. Am besten, ich sage wirklich einfach, was ich denke. Natürlich nicht alles, aber mehr. Ich sage viel zu wenig und mache mir über manche Dinge zu viele Gedanken. Aber ich finde, sie sollte wissen, was mich beschäftigt und dass sie es auch ist. Doch gerade als ich den Mund aufmachen will, um etwas zu sagen, überlege ich es mir anders. Denn ‹Du musst nicht lächeln, wenn dir nicht danach ist› erscheint mir dann doch als kein guter Anfang für ein Gespräch. Dadurch wird sie bestimmt an was Schreckliches erinnert. Ich würde da auch an etwas Schreckliches denken. Also schweige ich. Und ich weiß nicht, was ich sagen soll. Verdammt, gestern ging das doch noch besser!

Wir schweigen uns also so lange an, bis der Bus vor der Schule anhält. Ich steige diesmal auch früher aus, Guillotine hinterher. Vor dem großen Schultor bleibe ich dann stehen, sie ebenfalls. Sie blickt mich fragend an, das spüre ich. Doch ich starre nur auf meine mir verhasste Schule. Und auf einmal überkommt mich wieder dieses Gefühl, das ich jeden Tag hier ertragen muss. Ich will hier nicht sein. Es liegt einfach an der Umgebung: Die Schüler, die mich verstoßen. Die Lehrer, die mich verachten. Dieses Einsamkeitsgefühl. Und das jeden Tag. Es tut einfach weh. Auch, wenn mir diese Leute egal sind, tut es weh. Jeden verdammten Tag.

Ich spüre wie mir jemand seinen Finger schmerzhaft in meinen rechten Arm bohrt.

«Au!», rufe ich und reibe mir wie zur Bestätigung, dass es wehtut die Stelle. Ich blicke Guillotine an, die nervös versucht zu lächeln.

«Sorry... ich wollte nur testen, ob du noch lebst.»

«Jaja... ich lebe noch.» Mir war gar nicht aufgefallen, dass mir die Luft so wegblieb, dass ich wohl kurz aufgehört hatte zu atmen...

Trotz großem Widerstand meines gesamten Körpers folge ich Guillotine durch das Schultor. Es kostet mich nach wie vor sehr viel Überwindung und Kraft, aber ich habe keine Wahl.

4

Mein Spind, unaufgeräumt wie immer, spuckt folgenden kleinen Zettel heraus:

AUTOREN FÜR DIE THEATERGRUPPE GESUCHT!
KANNST DU GUT SCHREIBEN?
DENKST DU DIR GERNE TOLLE GESCHICHTEN AUS?
WILLST DU ETWAS BEWEGEN,
OHNE SELBST AUF DER BÜHNE ZU STEHEN?
DANN BIST DU HIER GENAU RICHTIG!
MITTWOCH, MITTAGSPAUSE, AULA

Solche Briefe sind an unserer Schule standard. Immer, wenn sie jemanden brauchen, stopfen sie in jeden Spind so was hinein, damit auch ja ein paar Leute kommen.

Früher haben sie noch überall im Schulhaus Plakate aufgehängt, aber niemand hat sich das angesehen und so sind sie auf kleine Zettel umgestiegen.

Guillotine sieht erst auf ihren Zettel, dann auf meinen, dann in mein Gesicht und fragt: «Gehst du hin?»

«Hmmm... eigentlich mache ich nicht bei so was mit...», antworte ich etwas unsicher.

«Ach komm, das wird sicher lustig!», unterbricht sie mich. Ich sehe sie völlig überrascht an, traue mich aber jetzt nicht «nein» zu sagen.

«Okay. Ich versuch's», antworte ich.

«Gut», meint sie und blickt in ihren Spind und somit auf den Stundenplan.

Ich beschließe, es ihr gleich zu tun. Mal sehen, heute ist Dienstag:

DIENSTAG:
1. STUNDE: PHYSIK
2. STUNDE: CHEMIE
3. STUNDE: SDL
4. STUNDE: MATHE
5. STUNDE: MATHE
6. STUNDE: ENGLISCH
PAUSE
8. STUNDE: HAUSWIRTSCHAFT
9. STUNDE: HAUSWIRTSCHAFT
10.STUNDE: HAUSWIRTSCHAFT

Na toll, jetzt haben wir Physik, danach Chemie. Dienstag ist auch immer so ein Horrortag. Gleich zwei naturwissenschaftliche Fächer und dann auch noch in den ersten beiden Stunden. Danach wie immer SdL. Das ist übrigens eine Erfindung von Frau Grinz, unserer Rektorin. Sie ist der Meinung, dass Religion bei den Schülern nicht ausreiche und hat daher SdL an unserer Schule eingeführt, was eine Abkürzung für «Sinn des Lebens» ist.

Meiner Meinung nach hasst sie uns alle, will aber andererseits nicht schuld sein, wenn irgendwelche Jugendlichen, wie sie immer so schön sagt, «Papierkörbe anzünden und randalieren». Also versucht sie sich an der Erziehung von uns. Ich mag unsere Rektorin nicht und denke, sie hat den falschen Beruf gewählt. Aber manchmal muss ich ihr leider auch recht geben, was die Einschätzung der jugendlichen Allgemeinheit angeht. Kriminelle Teenager, die in den Schulgängen die Mülleimer anzünden. Verrückt? Bei uns ist das Alltag, auch wenn das die wenigsten mitbekommen.

Das schlimmste hierbei ist für mich, dass ich genau so gesehen werden könnte. Es macht mich oft regelrecht fertig, zu dieser Gruppe altersmäßig und von außen betrachtet zu gehören, aber mich im Grunde nicht mit ihnen identifizieren zu können. Daher habe ich zu Jugendlichen, also Gleichaltrigen, ein eher gespaltenes Verhältnis. Einerseits hasse ich es mit ihnen zu tun zu haben, weil manche von ihnen wirklich keinen Sinn für Wesentliches zu haben scheinen. Sie sind abhängig von irgendwelchen In-/ Out-Listen, dem abendlichen Schrott im Fernsehen, Musiksendern und Fast Food. Das nimmt nie ein Ende. Kriminell werden sie dann auch noch irgendwie. Andererseits muss man wirklich bedenken, dass nicht alle Jugendliche so sind. Nur leider gehen diese in dieser Gesellschaft unter, da eher Negatives als Positives gesehen wird. An unserer Schule gibt es schon einige kluge Köpfe, doch die haben sich entweder vom Schulleben distanziert, sich ein härteres Fell angelegt und bleiben für sich oder sie schwimmen mit dem Strom und vernachlässigen ihre eigentlichen Talente. Denn es gönnt einem keiner etwas. Und was nützt einem die alleinige Anerkennung für etwas, was die anderen Schüler sowieso nicht interessiert und für das man am Ende sogar noch bestraft wird, weil man sich heraus nimmt etwas anders zu sein?

Mit der Schülerzeitung ist das auch nicht anders: Die Redakteure bemühen sich, bekommen landesweit den dritten Platz und keinen kümmert es wirklich. Da ist kein Stolz, keine Freude, kein Miteinander. Und das, obwohl sich alle Beteiligten Mühe geben und alles daran setzen, die Zeitung mit interessanten Themen zu füllen und am Leben zu halten.

Ich suche mein Zeug für Physik und Chemie zusammen, was mir mal wieder in meinem Chaos schwer fällt. Ich bewundere die, die alles schön sauber nach der Stunde einräumen und nicht alles in Stress einfach irgendwo dazwischen stopfen. Die haben dann sogar noch Platz für Deko wie zum Beispiel Poster, Bilder etc., was bei mir leider untergehen würde.

Für Physik und Chemie haben wir zum Glück nur ein sehr großes, dickes Buch, ähnlich einem Lexikon, das somit in meinem Chaos leicht zu finden ist. Es macht dem Mathebuch also große Konkurrenz. Und diesmal achte ich darauf, dass ich nicht meinen Block vergesse.

Guillotine steht bereits gerichtet für die nächsten beiden Stunden neben mir, denn sie findet gleich, was sie sucht. Ihr Spind ist aber auch das Gegenteil von meinem und wird sich vermutlich auch nicht groß ändern. Während mir wieder einmal meine Unordentlichkeit bewusst wird, versuche ich mit Mühe meine Spindtür so zu schließen, dass nichts rausfliegt oder eingeklemmt wird. ‹Nachher werde ich ganz bestimmt alles aufräumen!› nehme ich mir vor. Wie beinahe jeden Tag.

Ich sehe Guillotine kurz an und signalisiere ihr dann, wo wir hingehen müssen. Der Physikraum ist im zweiten Stock, das heißt, wir müssen die große Treppe benutzen, auf der jedes Mal irgendwelche Jugendlichen «chillen». Diesmal sind es ein paar Schüler aus einer Klasse unter uns, die sich breit machen und ziemlich laut grölen.

«Ey du! Hast du 'n Problem?!»

Der «Chef» der Bande, der sich besonders breit über mehrere Stufen verteilt und dessen Freundinnen auch trotz ihrer offensichtlichen Magersucht nicht weniger Platz brauchen, sieht mich mit einer Mischung aus Verachtung und Mitleid an. Seine Haltung, wie er da beinahe liegt, stahlt außerdem aus: «Die Treppe gehört mir und jetzt verpiss' dich.»

Ich antworte ihm nicht, sondern werfe ihm einen vernichtenden Blick zu, packe Guillotine am Handgelenk, die ganz erschrocken reagiert, weil sie bis jetzt noch gar nicht gefragt war, und gehe an dem Mob vorbei die Treppe hoch. Oben angekommen lasse ich sie los und gehe weiter. Doch sie nimmt sie wieder und flüstert «Gut gemacht.» Wir lächeln uns vielsagend an und gehen weiter den Gang entlang. Hand in Hand, was so überraschend kommt, dass ich es als normal empfinde. Mir fehlen auch gerade die vielen Gedanken dazu, die ich mir sonst machen würde. Die sind nämlich eher bei dem, was ich gerade gemacht habe und bei den Worten, die Guillotine gerade gesagt hat. Es schien zwar nur eine belanglose Bemerkung zu sein, aber im Grunde war es eine sehr wichtige. Nämlich, dass man auf solche Provokationen wie gerade eben nicht immer antworten muss. Und das macht mir gerade Mut.

5

«Was ist denn heute mit euch los?»

Frau Ziegler, unsere Physiklehrerin, wundert sich immer noch ernsthaft, warum die Klasse so laut ist, ansonsten aber eher nicht mitarbeitet.

«Seid Ihr noch so müde?»

Sie versucht die Schüler mit scheinbar verständnisvollen Worten zu motivieren, was aber nicht funktionieren wird, da niemand von denen wirklich Lust auf Physik hat und es auch keinen interessiert, was sie sagt. Sie tut mir schon etwas Leid, wie sie da vorne steht und einfach keine gefestigte Person darstellt. Das liegt weder an ihrer Größe noch an ihrer 70er Jahre Dauerwelle oder den Ponchos mit Afrikamuster und auch nicht an den Birkenstockschuhen. Es ist etwas anderes. Oder alles zusammen?

Guillotine sitzt neben mir in der zweiten Reihe. Der Physikraum hat Vierertische, also sitzt neben mir noch jemand. Es ist Marianne, mit der ich eigentlich nie etwas zu tun habe. Sie ist Schulsprecherin.

«Ein Scheißjob...», wie sie mir gerade versucht zu erklären, da niemand neben ihr sitzt. Außer mir. Und wenn jemand ein Gespräch mit mir beginnt, kann ich schlecht sagen, dass ich nicht reden will. Es ist mir jetzt nicht unangenehm, aber ich bin eben sehr misstrauisch. Marianne scheint wohl Streit mit den anderen aus unserer Klasse zu haben, denn normalerweise setzt sich immer jemand neben sie. Mir kam sie bis jetzt jedenfalls nicht unbeliebt vor. Doch da scheint es noch etwas anderes zu geben.

«Alles nur geheuchelt...», gibt sie immer wieder von sich und ich sehe zum ersten Mal, dass sie gar nicht so cool spielt wie der Rest der Klasse. Irgendwie ist sie sogar ganz nett, wie ich gerade feststelle. Sie hat außerdem einen hohen Sinn für Gerechtigkeit, der mir bisher noch gar nicht aufgefallen ist.

«Die suchen sich nur jemanden, den sie fertig machen können... und mit so was war ich mal befreundet.» Sie deutet extra auffällig auf Patrick, der in der hintersten Reihe sitzt und sehr laut über uns ablästert. Ich verstehe jedoch nur vereinzelte Passagen seines Redeschwalls. Zum Beispiel «Guck dir mal die an», «Friedhof», «mit Auto drüberfahren» und «scheiß Puppe...» womit er wohl Guillotine meint, die sich allerdings nichts anmerken lässt. Bis jetzt hat sie auch nur die Unterhaltung von Marianne und mir mit angehört und nichts gesagt. Ab und zu hat sie gelächelt oder genickt, wenn sie mit einer Aussage übereinstimmt und etwas genauso sieht.

Jetzt stützt sie den Kopf mit ihrer Hand ab und sieht mich interessiert an.

Marianne wechselt plötzlich das Thema. Jetzt regt sie sich über die Lehrerin auf, die so naiv ist und uns schon wieder etwas erklärt, was wir angeblich nicht verstehen. Manchmal frage ich mich, ob sie überhaupt irgendeinem Lehrplan folgt oder überhaupt eine Ahnung hat, was sie mit uns durchnehmen muss. Sie wirkt so zerstreut. Als ich das den beiden Mädchen mitteile, lächeln sie und stimmen mir voll und ganz zu.

Wir sind also alle drei zum Schluss gekommen, dass man nichts lernen kann, wenn die Lehrerin einem alles in den Schoß legt und die einfachsten Aufgaben hundertmal erklärt. Die Noten sind allerdings bei den meisten trotzdem schlecht. Deswegen denkt sie wohl, dass wir es nicht verstehen. Das liegt allerdings nicht nur an der viel zu weichen Art der Lehrerin sondern auch an den Schülern unserer Klasse, die sich extra blöd anstellen, anstatt sich wirklich ernsthaft mit dem Thema auseinanderzusetzen. Und die, die nicht so sind, bleiben hinter ihren Möglichkeiten, werden unmotiviert und langweilen sich. Zugegeben, Physik in der 10. Klasse ist nicht einfach, aber ich würde trotzdem lieber die Physik- und nicht die Chemieprüfung machen. Ich verstehe das alles allerdings noch weniger, wenn uns die Lehrerin die Antworten praktisch sagt, bevor wir darüber nachdenken können. Denn eigentlich macht doch selber denken schlau, oder?

«Ich werde mal mit ihr reden... ist ja auch meine Aufgabe was zu sagen...», denn Klassensprecherin ist Marianne auch noch. Nur leider mit Patrick. Das scheint ihr jetzt auch wieder eingefallen zu sein, denn man sieht ihr an, dass sie innerlich brodelt und ihn am liebsten zur Besinnung schütteln würde, weil Worte da bei weitem nicht ausreichen.

«Ich komme mit!», meldet sich Guillotine zum ersten Mal in unserer Runde zu Wort.

«Gute Idee. Dann muss ich da nicht alleine durch.»

Sie wirft einen hasserfüllten Blick in die letzte Reihe. Ich beschließe erst mal nichts zu sagen, nur die beiden anzusehen, wie sie sich schon einen Plan zurecht legen.

Als mit dem Pausengong die absolute Unruhe losbricht, stürmen die zwei Mädchen sofort auf Frau Ziegler los, die erschrocken zuerst auf ihre Uhr blickt und dann hilflos den Schülern hinterher blickt, die ohne «Tschüss» zu sagen längst die Tür aufgerissen haben und nun alle hinaus stürmen. Irgendwie steigt ein Hass in mir auf. Ich habe immer gedacht, dass ich hier zu der untersten Schicht gehöre, dabei hätte ich doch eigentlich mehr drauf als die, die in schallendem Gelächter die Klasse verlassen. Nicht zum ersten mal wird mir bewusst, wo ich eigentlich gelandet bin und dass ich nicht dazugehöre. Und dass ich das eigentlich auch nicht will.

Mein Gedanke hat sich immer darauf konzentriert, dass ich in den Augen anderer keine Rechte und daher nichts zu sagen habe. Ich habe immer gedacht, die wären die Chefs, auch wenn ich das nicht gerne so zugebe, da das ziemlich nach Minderwertigkeitskomplexen und fehlendem Selbstwertgefühl klingt. Doch genau so habe ich eigentlich gedacht. Jetzt merke ich allerdings, dass ich falsch gedacht habe. Denn eigentlich spucken

Menschen wie Patrick nur große Töne und verstecken sich dahinter. Und ich versuche mir das nicht nur einzureden, damit es mir besser geht, so wie bisher. Nein, diesmal ist es mir bewusst geworden. So jemand wie Patrick und Co. nehmen sich einfach die Rechte, das macht sie stark. Das ist nicht cool, sondern unverschämt und total primitiv. Glauben die etwa, die kommen damit durch? Nicht mit mir! Jetzt wird aber was gesagt! Unbeliebter kann ich sowieso nicht mehr werden...

«Frau Ziegler!», rufe ich also als erstes. Marianne und Guillotine werfen sich überraschte Blicke zu, da sie nicht damit gerechnet haben, dass ich überhaupt etwas sagen will oder kann. Ich weiß nur nicht, über was ich mich jetzt mehr beschweren soll: Die Lehrer oder die Schüler?!

«Ja, Nikos?»

«Beendet nicht der Lehrer die Stunde und nicht die Schüler?»

«Achso... ja, eigentlich schon...» Sie kratzt sich etwas verlegen am Kopf als würde sie nicht genau wissen, was sie dazu sagen soll. Aber ihr ist es wohl bewusst, und das ist gut. Ich gehe also noch einen Schritt weiter mit meinen sehr direkten Fragen: «Warum gehen dann alle einfach so ohne Tschüss zu sagen?»

Frau Ziegler sieht mich nur schweigend an und ich merke, dass die Situation sehr unangenehm für sie sein muss. Normalerweise redet man so auch nicht mit einem Lehrer wie ich es gerade mache. Man redet wohl besser allgemein nicht so, was mir aber erst jetzt auffällt. Vermutlich formuliert man eher vorsichtig um so eine Sache herum, was ich aber nicht kann. Das liegt wohl daran, dass ich ansonsten nie was sage.

«Naja, egal, ich wolle nur wissen, ob sie merken wie sich die Schüler verhalten», sage ich etwas kleinlaut, weil ich merke, dass die Lehrerin so direkte Vorwürfe nicht gewohnt ist und ich wohl etwas zu weit gegangen bin.

«Ja nein... das merke ich schon...»

«...doch sie kommen an die Schüler einfach nicht ran», beendet Guillotine.

«Genau!», mischt sich jetzt auch Marianne ein.

«Wissen sie was? Sie müssen ihre Taktik ändern! Vielleicht sollten sie strenger unterrichten?»

«Aber so komme ich doch auch nicht an die Schüler ran...» Die Lehrerin klingt jetzt ganz verzweifelt, den Tränen nahe. «Was soll ich denn machen?!»

Die Frage kommt mir irgendwie bekannt vor. Ich frage mich das auch oft. Und genau so oft frage ich mich, ob es überhaupt eine Lösung gibt. Und wenn ja, ob sie umsetzbar ist.

Marianne ist nun auch überfragt und weiß nicht was sie sagen soll.

«Seit 15 Jahren bin ich nun Lehrerin und noch nie war die Jugend so... so...» Sie findet keine passenden Worte dafür, aber ich weiß ganz genau was sie meint. Marianne weiß auch was gemeint ist: «Ich verstehe Sie. Aber nicht alle Jugendlichen sind gleich...»

Frau Ziegler nickt einfach nur stumm, dann schickt sie uns raus, da wir sonst zu spät zum Chemieunterricht kommen.

6

Guillotine, Marianne und ich stehen vor der geschlossenen Tür zum Chemieraum. Neben uns steht Patrick, der offensichtlich rausgeflogen ist. Ich klopfe und auf einmal verstummt jegliches Gerede in dem Raum. Von innen wird die Tür aufgeschlossen und mit so einer Wucht aufgeschlagen, dass es mir fast unmöglich ist, noch auszuweichen.

«Au!», ist das erste, was ich sage.

«Was heißt hier au?!», brüllt mich die Chemielehrerin Frau Adler in strengem Ton an. Auf Patricks Gesicht macht sich ein Grinsen breit, was der Lehrerin sofort auffällt und sie zum Ausrasten bringt: «Du Lausbub, du! Ab zur Direktorin! Ich habe keine Lust mehr auf deine Spielchen!»

Und dann packt die kleine Frau Adler mit ihren 1,55m den stark protestierenden Patrick am Arm und zerrt ihn hinter sich die Treppe runter, vermutlich zum Büro von Frau Grinz. Marianne sieht Guillotine und mich an, dann lacht sie ein schadenfrohes, allerdings etwas zu nervöses und daher eher unecht wirkendes Lachen und geht ins Klassenzimmer. Wir sehen uns an und folgen ihr dann.

Im Raum ist alles still und alle Augen sind auf uns gerichtet.

«Verräterin!!!», ruft Patricks Freundin. Marianne wird schlagartig ernst und sieht sie verachtend an, doch muss dann wieder lachen.

«Das macht doch dein süßer Paddy auch immer, oder Steffi? Erst doof lachen, dann ernst und cool spielen. Aber er ist nichts von beidem! Weder cool noch ernst. Er ist einfach ein Arschl...»

Doch ihr wird das Wort abgeschnitten, da Steffi auf einmal anfängt zu schreien und total impulsiv ihren Tisch kickt, sodass er umfliegt. Alle sehen sie schockiert an, sogar ihre Freundinnen weichen etwas von ihr weg.

«Das ist nicht wahr!!! Was fällt dir ein ihn so zu nennen?! Sag mal hakt's dir?!»

«Wenigstens sage ich offen was ich denke!» Mariannes Blick wandert über die Gesichter der Schüler, die alle versuchen teilnahmslos zu wirken. «Wozu ihr Luschen hier nicht fähig seid. Gut, lasst euch beeinflussen. Ich brauch euch nicht!» Mit diesen Worten macht sie kehrt und stürmt einfach so aus dem Klassenzimmer.

Die Chemiestunde ist somit gelaufen, denn jetzt gehen alle. Fluchend verlassen sie das Klassenzimmer.

«Zicke!»

«Was erlaubt die sich eigentlich?!»

Die meisten schweigen jedoch und blicken beim Hinausgehen auf den Boden. Niemand Unbeteiligtes will sich in so etwas einmischen. Am Ende stehen nur noch Guillotine und ich alleine im Klassenzimmer. Ich laufe nach hinten und hebe den Tisch auf.

«Damit wir keinen Ärger kriegen... oder Fragen beantworten müssen...», erkläre ich ihr.

«Bleiben wir hier?», fragt sie mich.

«Ich weiß nicht... wir hätten eigentlich noch fast eine halbe Stunde Unterricht.»

Das Schweigen, das nun folgt, kommt mir wie eine Ewigkeit vor. Aber nicht wie diese unerträgliche Stille. Es ist eine wissende Stille dessen Zerstörung ich mich nicht traue. Ich habe schon gestern eine solche Stille zerstört und werde das nicht mehr machen. Also sage ich nichts und warte ab, ob sie etwas sagt.

«Dann bleiben wir lieber hier...», sagt Guillotine und setzt sich an einen Tisch. Ich setze mich neben sie und muss doch etwas sagen, bevor ich es vergesse: «Hast du eigentlich am Freitag schon was vor?»

«Nein.»

«Hast du vielleicht Lust mit meinem besten Freund und mir in die Stadt zu gehen?»

«Deinem besten Freund?»

«Ja, ich kenne ihn schon ziemlich lange... und eigentlich ist er auch der einzige richtige Freund, den ich habe...»

«Achso... ja... gerne...»

Die Tür geht auf und Frau Adler kommt rein. Sie scheint wieder kurz von einer Explosion zu stehen. Ihr Blick schweift über die leeren Tische und Stühle, dann bleibt er auf mir haften: «Sag mal, wo ist der Rest, Nikos?»

«Der ist gegangen», antworte ich ihr und muss ja nun doch Fragen beantworten. Von ihren Lippen lässt sich nur noch das Wort «Gegangen... ?!» ablesen, welches sie tonlos wiedergibt. Dann verlässt sie entrüstet und wutentbrannt das Zimmer und knallt die Tür hinter sich zu. Während sie das macht, blicken wir ihr hinterher und ich will gerade fragen, ob Guillotine auch findet, dass die Lehrerin etwas überfordert ist, da stellt sie mir eine Frage: «Sag mal hast du schon mal daran gedacht dich umzubringen... oder es versucht?»

Ich sehe sie an, doch ihr Blick ist weiterhin geradeaus gerichtet. Da ist nichts, nur eine Leere. Wenn diese depressive Seite zum Vorschein kommt mache ich mir irgendwie Sorgen, weil ich das von mir selbst auch kenne. Man hat sein Selbstwertgefühl verloren, falls man denn je eines hatte, fühlt sich wie ein wertloses Stück Fleisch, das einfach so in den Tag hinein vegetiert. Ohne Sinn. Ohne Ziel. Und am liebsten würde man all dem ein Ende bereiten, das Leiden beenden, die unerträglichen Schmerzen vergessen. Einfach weg, weg von hier. Schlafen und nie wieder aufwachen. Nie wieder Menschen sehen müssen. Menschen von denen man nicht weiß, was sie denken, wie sie denken, wie sie reagieren, was sie sagen, ob sie ehrlich zu einem sind. Dieses Gefühl des In-Luft-auflösen-Wollens hatte ich auch schon zu oft.

Ich weiß nicht, wie sie auf einmal auf Suizid kommt. Das Thema ist zwar schrecklich, aber auch interessant. Es gibt Zeiten, da denke ich ständig daran was wäre, wenn ich nicht wäre.

Guillotines Blick ist nun starr auf mich gerichtet und jetzt bin ich es, der ihn nicht erwidert. Stattdessen blicke ich auf das Wort «Fuck», das jemand in den Tisch geritzt hat. Sie wartet auf eine Antwort. Doch mein Kopf hat bereits die Frage vergessen und ich bekomme beim Versuch, mich daran zu erinnern eine Gänsehaut. Irgendwie kann ich nicht mehr sprechen, aber Guillotine übernimmt es wieder:

«Das Spiel mit dem Tod kennst du sicherlich auch...», beginnt sie zu erzählen, «Du stehst am Abgrund. Erst metaphorisch. Es gibt kein vor und kein zurück. Und du fragst dich, ob es das wert ist. Es auszuhalten... das Leben... es ist doch so einfach all dem Leid ein Ende zu setzen...»

Ihre anfangs feste und klare Stimme bricht nun ab und ich sehe wie sie beginnt zu weinen. Zum ersten Mal. Sie hält sich die Hände vor das Gesicht und senkt ihren Kopf. Ich rücke mit meinem Stuhl ein wenig näher an sie heran und versuche ihre Hände vorsichtig vom Gesicht zu lösen, was erstaunlich leicht geht. Jetzt kommt sie mir leider wirklich vor wie eine Puppe.

Während ich ihr nach wie vor schweigend gegenüber sitze, öffnet sie die Augen und blickt mich an. Mit einer Mischung aus Verzweiflung, Angst und einer Spur «Danke». Ihre Tränen kann sie allerdings nicht stoppen und die haben auch noch einen Teil ihrer Schminke mit auf den Weg genommen. Als sie meinen wohl sorgenvollen Blick bemerkt, dreht sie sich schlagartig von mir weg und reißt somit ihre Hände aus meinen. Mir war gar nicht aufgefallen, dass ich sie immer noch gehalten habe.

«Oh Nein...» Sie kramt in ihrer Tasche und holt einen kleinen schwarzen Spiegel in der Form einer Fledermaus hervor. «Ich sehe ja s-c-h-r-e-c-k-l-i-c-h aus...»

Ich schätze mal, das sagen Mädchen öfters, oder denken es zumindest. Aber dass sie es sagt überrascht mich nun doch sehr. Es ist allerdings ein Zeichen, dass sie da nicht anders ist, als die anderen. Irgendwie macht sie das menschlich, auch wenn sie wirklich keinen Grund hat, sich zu schämen für ihre zerlaufene Schminke. Eines frage ich mich jedoch: Würden diese Mädchen das denken, wenn sie nicht so medienfixiert wären? Immer muss man als Mädchen «hammer-bombig-geil» aussehen und sich solch einem extremen Druck aussetzen. Warum, das frage ich mich auch. Gut, mir ist es egal, wie sich hier wer anzieht oder sich mit 5 cm Kajalstrich die Augen versaut, aber geht's auch etwas dezenter? Mir kommt das wie ein ständiger Wettkampf vor: Was, die hat 10 cm Absätze?! – Hilfe, ich muss mir neue Schuhe kaufen, die 11 cm haben! Und ich möchte daran erinnern, wir sind hier in der Schule...

Ich beginne jetzt auch in meiner Tasche zu kramen, hole ein Tempo hervor und gebe es ihr.

«Oh danke, bin gleich wieder da.» Sie steht auf und verlässt das Klassenzimmer. Es vergehen einige Minuten in denen ich gedankenverloren auf die Tür starre. Dann kommt mir auf einmal wieder ihre Frage und ihre Worte über den Tod in den Sinn. ‹Sag mal hast du schon mal daran gedacht dich umzubringen... oder es versucht?› Ich gebe zu, es gibt auch Momente in denen ich sterben will. Mehr als genug. Und ich habe das Gefühl mit jedem Mal wird der Drang danach stärker. Bei mir hängt es mit den anderen zusammen. Ich denke über vieles was sie sagen oder nicht sagen zu sehr nach und bilde mir dann ein, dass das was ich sage nicht mehr zählt. Obwohl das eigentlich dumm gedacht ist. Aber so etwas fühlt man nun mal in diesen Momenten. Man schleppt sich mit seelischen Schmerzen in die Schule und man freut sich auch gar nicht richtig, dass sie endet, denn man weiß, das alles endet niemals. Nicht wenn der Tag zu Ende ist, nicht wenn man die Schule abgeschlossen hat, einfach niemals.

Mir wird schlagartig klar, dass ich eigentlich selbst schuld bin und mich selbst noch zusätzlich mit meinen Gedanken nieder mache. Aber gegen wen richtet sich mein Hass mehr? Gegen die anderen Jugendlichen oder gegen mich? Es heißt, man muss sich erst selbst lieben lernen, aber wie macht man das am besten, wenn man nicht weiß was Liebe ist oder wer man selbst eigentlich ist? Ich merke, ich habe noch nicht alles begriffen was das Leben betrifft. Und die Liste dieser Dinge ist lang... sehr lang. Vielleicht ist das auch der Grund, warum ich noch da bin? Irgendwie ist da noch ein Fünkchen Hoffnung...

Die Tür öffnet sich und Guillotine betritt den Raum. Sie ist aber nicht alleine und kommt wieder mit Frau Adler.

«Okay, Zeug zusammen packen und raus!», ruft die Lehrerin und geht energischen Schrittes auf ihr Schreibpult zu ohne mich anzusehen.

Doch als Guillotine und ich mit unseren Schultaschen gerade durch die Tür gehen wollen, meint eine leise Stimme hinter uns: «Danke, dass ihr nicht auch einfach gegangen seid...»

Ich drehe mich um und blicke Frau Adler ins Gesicht, die mich jetzt auch direkt ansieht und müde lächelt. Und ich lächle zurück.

7

«Jetzt haben wir SdL», sage ich, nachdem ich einen Blick auf meinen Stundenplan geworfen habe.

«Das Fach passt ja nach unserem Gespräch», meint Guillotine. Sie sieht mich belustigt an und lacht. Ich kann mir gar nicht vorstellen, dass sie vor zehn Minuten noch geweint hat, auch wenn ihre Augen noch gerötet sind. Ihre Stimmung kann sich wirklich sehr schnell ändern. Mich steckt diese neue Fröhlichkeit in ihrem Gesicht jedoch nicht ganz an. Ich lächle zwar zurück, aber meine Gedanken schweifen eigentlich wieder ernsthaft zu den Themen Leben und Tod. Mir kommt es oft so vor, als würde ich zwar leben, aber zur gleichen Zeit auch irgendwie tot sein. Im Inneren. Ich will aber daran glauben, dass es da etwas geben muss, das mich hält. Die Frage ist nur, was es ist. Was steckt dahinter? Man kann sich nämlich genauso gut Dinge einreden, schön reden, einbilden. Und auf der anderen Seite kann man auch Meister darin sein, alles so lange runter zu ziehen und schlecht zu machen, bis man auch das wirklich glaubt und nichts Anderes mehr sehen kann. Man gewöhnt sich dann an dieses schlechte pessimistische Denken. Meiner Meinung nach ist es der Drang, den Dingen einen Namen zu geben, sie einzuordnen, der uns Menschen dazu bringt, in eine Richtung zu denken. Man will als Mensch nicht länger das Gefühl haben müssen, im Nebel zu stehen, also (be)wertet man nach gut oder schlecht. Schwarz und weiß. Eigentlich wünscht man sich nur ein bisschen Klarheit und Sicherheit, doch im Grunde bleibt alles nach wie vor so unbeständig...

Somit kann «alles» irgendwie auch «nichts» bedeuten. Denn wenn ich den diffusen Nebel aus Gedanken und Gefühlen berühren will, verliere ich mich mit der Zeit selbst darin. Er lässt sich einfach nicht fassen und mein Versuch, dem Ganzen eine Form zu geben, indem ich es aufschreibe und in Worte fasse, bringt auch nicht immer den gewünschten Effekt. Am nächsten Tag hat der Nebel wieder neue Formen angenommen. Teilweise klingt das sehr frustrierend, aber irgendwie auch gut, denn so muss nichts, was ich jetzt als schlecht empfinde, für immer schlecht bleiben, oder?

Leider kann ich nicht einfach etwas Nebel nehmen und woanders hin machen... oder vergessen. Denn obwohl der Nebel oft so unzusammenhängend erscheint, hat doch alles seinen Platz. Das bedeutet allerdings, dass eine wirkliche gedankliche Veränderung nicht von heute auf morgen zu erwarten ist.

Das ist wie mit Depressionen, denn die vergehen auch nicht an einem Tag. Und der Nebel ist schlau. Er weiß zu jeder Zeit, wie seine Form war und kennt sein Muster, das sich wohl für immer abzeichnen wird. Denn was geschehen ist, ist nun mal geschehen. Ich kann nur die Erfahrung mitnehmen, mit der Zeit mein Muster durchschauen und mit diesem Wissen weitermachen. Der Selbstsabotage entgegenwirken.

Ich tauche aus meinen nebulösen Gedanken wieder auf und sehe Guillotine an, die mir irgendwie ein bisschen schöne Sicherheit gibt, obwohl mir alles so unklar um uns herum erscheint.

«Alles wieder okay?», frage ich sie, während wir immer noch auf dem Weg zum SdL-Raum sind.

«Ja… ja, mir geht's wieder… gut. Tut mir Leid…»

Sie blickt beim Gehen betroffen auf den Boden. Ganz so, als habe sie etwas falsch gemacht.

«Ach was, schon okay. Ich verstehe dich. Ich habe auch schon oft an… so was gedacht.»

«Kann man in SdL wirklich über den Tod reden?»

«Naja… eigentlich heißt es ja ‹Sinn des Lebens›… der Lehrer versucht die auf die schiefe Bahn geratenen wieder gerade zu biegen oder dafür zu sorgen, dass alles im Lot bleibt, indem er versucht uns verständlich zu machen, was wirklich im Leben zählt. Und ein wenig psychologisches Wissen und Kommunikationstraining ist auch dabei. Aber das unmögliche Verhalten, das manche Schüler an den Tag legen, ist eigentlich der Hauptgrund warum es SdL gibt… und nicht um uns vom Suizid abzuhalten.»

«Schade…»

«Finde ich auch… aber andererseits kann man darüber auch nicht mit jedem reden.»

«Wenn man sterben will…» Guillotine wollte gerade eine Frage stellen, doch sie wird von Herr Späth, dem SdL-Lehrer, unterbrochen.

«Sagt mal, worüber redet ihr da eigentlich? Macht, dass ihr in die Klasse kommt… !» Er schüttelt den Kopf und signalisiert mir damit irgendwie, dass es etwas Verdorbenes ist, über Selbstmord zu reden. Mir wird wieder einmal bewusst, dass ich da ganz anders empfinde. Für mich war das sicherlich kein alltägliches Gespräch, aber auch nichts so extrem Außergewöhnliches und schon gar nicht etwas, das man verschweigen sollte. Zumindest Guillotine sieht diese Dinge so wie ich und ich denke, es ist richtig wie wir beide denken. Sind wir verrückt? Müssen wir zum Psychocheck, nur weil wir über unseren Tod nachdenken? Darf uns denn nicht einmal mehr das erlaubt sein? Heißt ja nicht, dass wir uns gleich morgen umbringen, bloß weil wir darüber reden.

Wir gehen ins Klassenzimmer und setzen uns. Mit betrübter Miene beginnt der Lehrer den Unterricht: «Angesichts der... Umstände, die hier wohl herrschen, will ich euch bitten ein Blatt zu nehmen und mir einmal die Dinge aufzuschreiben, die euch am Leben halten... anonym bitte.»

Heftiges Getuschel und Stirnrunzeln der Schüler sind die Folge dieser Ansprache. Ich habe das Gefühl, dass einige Augenpaare auf Guillotine und mir ruhen. Wie hätte es denn auch anders sein sollen? Wir sind ja offensichtlich die Verrückten, die aus der Reihe tanzen. Und wie durch einen Filter erreichen mich die nächsten Worte des Lehrers: «Ihr habt mich schon richtig verstanden. Schreibt mir bitte auf, warum es sich lohnt zu leben.»

Während die anderen noch überlegen, was sie machen sollen, holt Guillotine einen wohl bereits angefangenen Text aus ihrem Block, überfliegt den letzten Abschnitt und führt ihn nahtlos fort. Ich bezweifle allerdings, dass sie das aufschreibt, was der Lehrer wirklich wissen will. Am liebsten würde ich sie fragen was sie da schreibt, aber ich muss selbst überlegen, was ich überhaupt schreiben soll?! Klar, Familie, Freunde etc. Meine Familie ist auseinander, meine Mum würde ohne mich finanziell besser klar kommen, mein bester Freund ist so gut wie aus der Welt und... die einzige Person, die ich gerade bei mir habe ist jemand, den ich erst seit gestern kenne. Tja, so sieht das aus. Also schreibe ich die negativen Dinge auf, da mir wirklich keine guten positiven einfallen, die man nicht wieder negativ auslegen könnte. Alles hat eine negative Seite. Ich habe leider das Talent, diese immer zu finden, egal um was es geht.

Meine Contra-/Pro-Leben-Liste sieht demnach kurz vor der Abgabe in etwa so aus:

– *Dad weg*
– *Mum braucht mich nicht*
– *bester und einziger Freund so gut wie weg*
– *Mobbing, Leute die mich fertig machen wollen*
– *unfaire Welt, verdorbene Gesellschaft*
– *Jugendlich sein = leiden, nicht ernst genommen werden*
– *nichts wird sich ändern*
+ *Schreiben*
+ *Guillotine*
+ *Irgendwann nimmt alles ein Ende*

Als ich das Blatt abgebe, erhasche ich einen Blick auf die der anderen und stelle fest, dass sogar einige wenige sich auch leichter getan haben in positiv und negativ einzuteilen. Bei ihnen dominiert allerdings eher das Positive oder es gleicht sich gut mit dem Negativen aus...

Den Zettel von Guillotine sehe ich nicht. Sie ist auch die letzte Person, die ihn abgibt.

«So, alle abgegeben? Mal sehen, was ihr zu dem Thema so schreibt.»

‹Oh Nein, er wird die Zettel doch nicht etwa laut vorlesen?› denke ich und leichte Panik vermischt mit Aufregung steigt in mir auf. Ich frage mich, warum das so ist. Eigentlich hätte ich mir das denken können. Habe ich auch. Aber trotzdem macht mich das jetzt nervös..

«Ich ziehe jetzt einen...»

Er dreht alle um und mischt sie umständlich, dann nimmt er einen und sagt: «Fußball, Nutella, Sex,... also ich muss doch sehr bitten!» Die letzte Reihe macht sich nicht bemerkbar, wie es normalerweise bei Äußerungen, die mit Sex zu tun haben, der Fall ist. Vielleicht liegt das auch daran, dass Patrick gar nicht da ist, wie mir gerade auffällt. Marianne allerdings auch nicht.

Angesichts der Tatsache, dass junge Kerle nichts anderes als Sex und Fußball im Sinn haben, schüttelt der Lehrer den Kopf und zieht den nächsten Zettel. Leider steht auf den nächsten fünf fast dasselbe wie auf dem ersten. Herr Späth wird immer enttäuschter und verbindet diese Antworten mit der geringen Bereitschaft der Schüler, wirklich ernsthaft über das Thema nachzudenken. Dann stößt er auf ein anscheinend interessant aussehendes Geschreibsel:

«Oh, einer von denen, die in – und + eingeteilt haben... also bei den Gründen zu sterben steht: Dad weg, Mum braucht...»

Ich werde bleich und spüre förmlich, wie jegliche Farbe von mir weicht. Denn ich erkenne sofort meinen Zettel wieder und bereue es jetzt, ihn überhaupt so detailliert geschrieben zu haben. Es besteht nämlich kein

Zweifel, von wem dieser Zettel ist, wenn er ihn zu Ende vorliest... und dann weiß Guillotine...

«... und bei den positiven Dingen steht: Schreiben,... äh... das kann ich nicht lesen und dass alles irgendwann ein Ende hat...»

Mich immer noch fragend, wie man meine 1A erste Klasse Druckbuchstabenschrift nicht lesen kann, blicke ich mich um. Niemand kam wohl auf die Idee, dass das mein Zettel sein könnte... niemand kennt mich oder meine Geschichte auch so gut. Irgendwie fällt mir ein Stein vom Herzen.

Herr Späth ist nun beim letzten Zettel angelangt, den er erst einmal auseinanderfalten muss. Als mehrere DIN A4 Blätter zum Vorschein kommen, meint er «Oh, da hat sich jemand aber richtig Mühe gegeben» und beginnt dann wirklich mit Vorlesen:

Suizid/Selbstmord/Freitod –
Warum nehmen sich Menschen das Leben?

Das ist eine Frage, über dessen Antwort viel zu wenig nachgedacht wird. Man spricht ja auch nicht darüber. Und im schlimmsten Fall unterschätzt man den Ernst der Lage, weil man als außenstehende Person absolut nicht einschätzen kann, was in einem anderen Menschen wirklich vor sich geht, wenn er nicht von sich aus redet. Es wird aber auch kein wirklich offenes Gespräch gesucht. Es wird geschwiegen. Und das, obwohl sich auf der Welt alle 40 Sekunden ein Mensch das Leben nimmt.

Aus Sicht «der Anderen» erscheint der Gedanke an Selbstmord eher als etwas absolut nicht Einsehbares und schon gar nicht nachvollziehbar. Man kann sich natürlich nicht vollständig in die subjektive Situation des Suizidalen hineinversetzen und wird wohl auch nie alle Beweggründe kennen. Weit verbreitet ist jedoch das Urteilen, in wie weit Gründe für einen Selbstmord weniger inakzeptabel sind. Bei einen Todkranken wird der Selbstmord eher «akzeptiert» als bei einem Jugendlichen mit Liebeskummer und Minderwertigkeitskomplexen oder jemandem, der sein Leben lang «normal» gearbeitet und gelebt hat und in der Arbeitslosigkeit oder im Alter in der vielen Zeit beginnt zu Hinterfragen und über Dinge nachzudenken, mit denen er sich so niemals tiefer beschäftigt hätte.

Aber Leid, egal welchen Ausmaßes, bleibt Leid. Und ja, da steckt man nicht drin und wird es daher nie ganz begreifen können. Dennoch wird Suizid von sehr vielen als feige oder gar egoistisch eingestuft. Ich teile diese Ansicht nur bedingt, denn der Entschluss zu diesem absolut endgültigen Schlussstrich erfordert auch seinen Mut. Doch weitaus mehr Mut kostet es, sich selbst einzugestehen, dass es da ein Problem gibt, mit dem man nicht alleine fertig wird. Und sich in der absolut erscheinenden Hoffnungslosigkeit Hilfe zu suchen, fällt einem noch viel viel schwerer... vor allem, da einem der Glaube an eine Besserung oder das Verständnis von anderen fehlt.

Der Fehler im gesellschaftlichen System hierbei ist, dass den meisten Menschen absolut der Umgang mit der Psyche fehlt – sei es nun die eigene oder die der anderen. Es fehlt einfach die nötige Aufklärung oder allgemein klarere und tiefere Gespräche mit anderen unterhalb der Oberfläche. Suizid schweigt sich quasi «von selbst tot». Doch solange keiner beginnt, offener über das in sich zu sprechen, wird sich daran auch nichts ändern.

Denn alles Psychische – Suizid, Depressionen, Therapie,... – sind leider nach wie vor Vermeidungsthemen und ein dunkles Loch, das einem erst einmal Angst macht und das man als «gesunder Mensch» zu umgehen versucht mit Humor und dem Hang zum Optimismus oder zur Ablenkung von solchen düsteren Themen. «Normalen» Menschen fällt es einfach leichter, wenn sie das Selbstmordthema so sehr abstrahieren und sich eher noch darüber aufregen, anstatt sich zu fragen, was da wirklich passiert ist und ob man in Zukunft vielleicht offener zu sich selbst und zu anderen sein sollte.

Wie geht es mir gerade wirklich? Kann man der anderen Person glauben, wenn sie nur «gut» antwortet? Was geschieht gerade in ihrem Leben und in meinem? Wer versteht mich vielleicht, weil er sich mit dem Psychothema auskennt?

Das alles zu hinterfragen muss einen nicht in ein Loch stürzen. Es kann uns vielmehr näher zusammen bringen, bevor es zu spät ist. Denn als suizidgefährdete Person in diesem Moment auf der Kippe zwischen Leben und Tod ist es schwierig oder vielmehr fast unmöglich, sich diese offenen Menschen ins Gedächtnis zu rufen. Beim Spiel mit dem Tod denkt man gar nicht daran, dass einem ein solcher Mensch helfen könnte... und wenn man nie so einem Menschen bewusst begegnet ist, kann man da erst recht nicht daran denken.

Man sollte vor allem eins versuchen: Ehrlich sein! Es ist keine Schande, Depressionen zu haben oder bereits seit Jahren in Therapie zu sein, um dagegen anzugehen. Es zeugt vielmehr von wahnsinniger Stärke, das vor den «scheinbar gesunden Menschen» zuzugeben und die Angst vor einem möglicherweise negativen Urteil der anderen zu überwinden. Und es zeigt auch diesen anderen vielleicht, dass sie nicht alleine sind. An sich zu arbeiten ist absolut keine Schande. Zu schweigen oder diese Themen runterzuspielen, zu ignorieren und zu sagen, dass so eben das Leben ist und man die Zähne zusammenbeißen muss, ist die weitaus größere Schande und steht der Ehrlichkeit im Weg.

Denn wie soll dabei eine tiefere Verbundenheit entstehen? Wie soll sich einer mit Ängsten öffnen, wenn ihm überall signalisiert wird, dass man keine Angst zu haben hat und seine Angst total unbegründet und eine verrückte Spinnerei ist? Wie soll er erkennen, dass eigentlich alle Menschen im Herzen irgendwann irgendwo bluten und mit etwas kämpfen, wenn keiner beginnt, ehrlich zu sein?

Ich möchte damit nicht behaupten, dass die Menschen, die ohne Angst zu sein scheinen, sich etwas vormachen oder dass wir alles ernst nehmen und uns gegenseitig negativ runterziehen sollen. Auch will ich niemandem unterstellen, dass er sich absichtlich unpassend und scheinbar falsch verhält... vielmehr glaube ich, dass viele Menschen es wirklich nicht besser wissen, als so mit diesen Themen umzugehen. Aus Angst? Natürlich! Die negative Kehrseite der Medaille und der Gedanke an all das Verborgene im Inneren der menschlichen Psyche macht uns Angst. Aber warum nicht das sagen? Warum lernen wir, alles mit Humor zu überspielen, anstatt viel mehr «bei uns» zu sein und dadurch überhaupt erst ehrlich zu den anderen sein zu können? Ich bin davon überzeugt, dass die fehlende Aufklärung und das Vermeiden dieser Themen in unserer Gesellschaft dafür sorgt, dass die negative Stimmung im Grunde ansteigt. Nur unsichtbar. Unfassbar. Somit wird es ganz schwierig für eine depressive Person, sich diese Krankheit überhaupt erst einzugestehen.

Die gefährlichste und auch häufigste Art der Depression ist daher die «Maske». Die Betroffenen verbergen ihr seelisches Leid hinter einer Art Maske und erscheinen damit nach außen fröhlich und sorglos, vielleicht sogar vor sich selbst. Ständig nimmt die Person sich vor, authentisch und perfekt zu wirken, wobei sich das eher gegenseitig ausschließt. Alles hat für sie nämlich den Anschein, als müsse alles ständig funktionieren.

Man muss funktionieren, egal ob man sich nun morgens mit einem Gefühl der Sinn- und Ziellosigkeit aus dem Bett zwingt oder sich abends unter Einschlafschwierigkeiten leidend im Grunde wünscht, nie wieder aufzustehen.

Doch während die Seele bereits neben einem voller Panik und mit Atemnot zitternd in Embryonalstellung auf dem Boden kauert, sagt man sich auch weiterhin, dass doch alles gut ist und dass man eben die Zähne zusammenbeißen muss… denn so ist das Leben nun mal!

Diese Menschen, die ihren Schmerz verbergen, sind besonders gefährdet, weil niemand die Gefahr erkennen kann. Sie leiden für sich im Stillen und wagen es nicht in der Öffentlichkeit auch nur die winzigste Träne zu vergießen, zu jammern oder anders «Schwäche» zu zeigen. Oder sie empfinden sich mit ihren Sorgen als so störend, dass sie lieber schweigen, weil ihnen im Grunde das Vertrauen zu anderen und zu sich selbst fehlt. Die Angst vor diesem großen und unglaublich dunklen unbekannten Gebiet in sich und dem möglichen Unverständnis der anderen ist enorm.

Durch all das kapseln sich diese Menschen ab, fühlen sich dann noch einsamer, noch mehr in die Ecke gedrängt, in die Enge getrieben, von der Gesellschaft ausgeschlossen und so fern von allem, bis sie sich vollkommen vorkommen wie die «einzige überlebende Person» auf der Welt. Sie sind an so vielen Stellen innerlich verletzt, bluten eigentlich immer mehr seelisch aus, schlucken das jedoch runter. Ihnen tun Worte und Situationen weh, die «normalen» Menschen nichts ausmachen. Ein Witz kann für sie bereits zum Schmerz werden. Das zu sagen und Grenzen zu setzen erscheint ihnen jedoch so unpassend, dass sie lieber schweigen, mitlachen oder sich hinter Sarkasmus und Ironie verstecken.

Die Außenstehenden bekommen somit von all dem nichts mit. Für sie scheint alles in Ordnung zu sein, denn sie sehen ja nur die nach wie vor aufrecht gehende Person. Dass diese ihre Last auf dem Boden hinter sich herschleift und mittlerweile immer tiefer einsinkt und zu ersticken droht, sehen sie nicht. Man kann ihnen keinen Vorwurf machen, weil sie es nicht geschafft haben eine Bindung aufzubauen. Vielleicht haben sie ja auch versucht, dieser Person näher zu kommen und sie war einfach schon zu tief in der Dunkelheit und konnte von all den Versuchen nichts mehr sehen?

Wie man sich wirklich näher kommt, weiß keiner. Lernt man das? Und wenn ja, wie kann man das in einer Gesellschaft umsetzen, die scheinbar auf dem Sockel von Misstrauen und Missverständnissen aufgebaut ist und in der alles den Anschein hat, dass Coolness, Geld und Machtspiele besser sind und ein tieferer Umgang miteinander unmöglich scheint? Warum sind wir Menschen so gute Schauspieler vor all den anderen und vor allem vor uns selbst?

Das Resultat all dessen ist das, womit ich diese kurze Erläuterung eingeleitet habe: Plötzlich hält dieser zutiefst belastete Mensch diesem Druck von außen und innen nicht mehr stand, er verliert das Gleichgewicht und die quälend negativen Gedanken, die sich langsam angeschlichen und festgebissen haben, werden so enorm und erreichen in rasender Geschwindigkeit den absoluten Tiefpunkt der Negativachterbahn, bis nur noch der Selbstmord als Ausweg gesehen wird.

Und zurück bleibt das Warum...
Das ist eine Frage, über dessen Antwort viel zu wenig nachgedacht wird. Man spricht ja auch nicht darüber...

8

Nach diesem Text schweigt erst einmal alles, was in unserer Klasse sonst nie der Fall ist. Keiner murmelt etwas, kein Papier raschelt, kein Stuhl wird verrückt, kein Stift im Mäppchen gesucht. Atmen wir eigentlich noch? Ich höre zumindest Guillotine leise neben mir atmen, während ich mir vorkomme, als würde mein Atmen sehr laut alles übertönen. Auf einmal ist mir so extrem warm und ich spüre genau dieses Gefühl, keine Luft zu bekommen, wie es Guillotine beschreibt. Aber es ist nicht so negativ, es ist eher positiv. Ich bin gerade extrem positiv aufgeregt und fühle mich einfach nicht alleine und verbunden.

Der Lehrer lässt langsam die Blätter sinken, starrt aber weiterhin darauf. In seiner Ausbildung zum Pädagogen hat er wohl nicht gelernt, was passiert, wenn jemand so schonungslos ehrlich seine Gedanken zu einem Thema beschreibt, über das man nicht spricht. Ich meine... ich bin ja selbst gerade extrem sprach- und gedankenlos, aber eher zutiefst beeindruckt von Guillotines Schreibstil und Mut. Denn natürlich ist klar, von wem dieser Text stammt. Also mir zumindest. Der Rest der Klasse blickt auch immer wieder in unsere Richtung, da wir den Ruf der Psychos ja jetzt endgültig weg haben. Aber kommt es mir nur so vor oder kann es sein, dass sich keiner mehr so richtig traut, direkt hinzusehen?

Herr Späth unterbricht sanft die Stille:

«Also, ich muss sagen... zuerst war ich von der Über-schrift und der Masse an Text schockiert und wusste gar nicht, ob ich das überhaupt vorlesen soll. Aber nun bin ich extrem beeindruckt von diesem Text.»

Während er das sagt, wirkt er plötzlich ganz anders, als gerade eben noch auf dem Gang oder beim Vorle-sen der anderen Texte. Seine ansonsten eher mechani-sche Art, die vorhin wirklich extrem zu erkennen war, ist etwas Weichem und wirklich ehrlich Authentischem gewichen. Er setzt auch ganz authentisch den Unter-richt fort, nachdem er meint: «Der Verfasser darf sich gerne noch mal bei mir melden, wenn er oder sie das möchte!»

9

Vor dem Klassenzimmer warte ich auf Guillotine, die wirklich noch das Gespräch mit Herrn Späth gesucht hat. Ich bewundere sie immer mehr... für alles. Es dau-ert nicht lange, da kommt sie mit ihren Blättern aus dem Klassenzimmer.

«Das war eine interessante Stunde, findest du nicht?», fragt sie mich.

«Ja. So ganz ohne Patrick.»

«Marianne ist allerdings auch weg...»

Sie blickt in die Masse von Schülern, die alle aus dem Schulhaus und auf den Pausenhof stürmen. Wir schlie-ßen uns der Richtung an. Draußen angelangt suchen wir uns einen Platz weit weg von Patrick und Co., der wieder aufgetaucht ist. Von meinem Standort aus sehe ich ihn trotzdem. Wie er da steht und von seinem «Abenteuer» bei der Rektorin erzählt. Alle sind natürlich begeistert von ihm, aber keiner scheint ihm zu sagen, was gerade in dieser Stunde vorgefallen ist. Was sie wohl wirklich denken, wenn sie nicht in ihrer Rolle als Patricks Gefolgsleute sind? Das beginnt mich gerade immer mehr zu beschäftigen.

Ich muss wohl wieder einmal Löcher in die Gegend gestarrt haben, denn Guillotine wedelt plötzlich mit ihrer Hand vor meinem Gesicht herum.

«Hey, noch da?»

«Ja», antworte ich, immer noch in meinen Gedanken versunken.

«Was geht dir durch den Kopf?», fragt sie mich und ich verliere augenblicklich den Faden. Dann blicke ich wieder in Patricks grinsendes und ahnungsloses Gesicht und sage:

«Dass wir alle es uns so unendlich schwer machen... das Leben. Und dass Patrick diesen Text wohl nie begreifen und etwas an seinem Umgang mit anderen ändern würde...»

«Das glaube ich nicht!», erwidert Guillotine mit scharfer Stimme, sodass es mir durch die Gedanken schneidet, die nun endgültig und abrupt abreißen.

«Was?» Ich sehe sie vollkommen erstaunt an, doch sie lächelt mit einem Feuer in den Augen.

«Ich sehe deinen Schmerz, Nikos. Aber ich glaube daran, dass selbst Patrick sich ändern kann. Vielleicht ist er ja auch ganz anders, als wir ihn erleben? Was wissen wir denn über ihn? Was weiß er über uns? Wenn er nach meinem Text immer noch so wäre wie jetzt, dann kann es entweder wirklich sein, dass ihn das Ganze Thema einfach nicht kümmert... oder es berührt ihn und er würde es uns nur nicht zeigen? Da er leider nicht im Unterricht war, können wir es nicht wissen. Ich hoffe nur, dass seine Kumpels den Text soweit verstanden haben und ihm nichts davon erzählen. Ich glaube nämlich, dass dieser Text nur für sich wirken kann. Ohne vorausgehende Erklärung und mögliche Vorurteile.»

Eigentlich sagt Guillotine nichts Falsches, doch auf einmal fühle ich mich wieder so unendlich alleine im Kampf gegen Patrick und ich würde am liebsten aufstehen und gehen. Woher kommt das? Warum mache ich es nicht einfach?

Und dann nimmt dieses faszinierende Mädchen einfach so meine Hand, was mich freuen müsste, da das noch nie jemand gemacht hat. Ich merke aber, dass etwas anders ist. Doch ich weiß absolut nicht, was es ist. Ich fühle mich gerade so unendlich leer. Guillotine scheint meine seltsame Stimmung zu merken und lässt meine Hand nach einer Weile wieder los. Nun komme ich mir mit meinen Weglaufgedanken irgendwie schäbig vor und ergreife ihre Hand wieder. Wortlos, obwohl ich am liebsten so vieles sagen möchte. Ich würde so gerne meine Gedanken verstehen, die ich nicht in Worten denke... Das Unbegreifliche und Unfassbare formulieren und Guillotine mehr von den Vorgängen in mir erzählen. Aber es gelingt mir gerade so gar nicht.

Schweigend sitzen wir also so da, bis uns eine Stimme aus der Trance reißt: «Hey, wie war's in SdL?»

Ich drehe mich zur Seite, wo Marianne steht.

«Interessant», antwortet Guillotine.

«Echt?», fragt Marianne eher spöttisch und ungläubig zurück.

«Ja, wir haben über den Tod oder besser gesagt Selbstmord gesprochen», antworte ich. Doch bevor Marianne dazu etwas sagen kann, fragt Guillotine sie direkt:

«Sag mal, wo warst du denn?»

«Ich musste mich erst mal wieder sortieren und beruhigen», antwortet sie, als wäre das selbstverständlich und normal. Mir wird erst jetzt bewusst, dass Marianne schon öfters mal verschwunden ist. Aber da ich noch nie wirklich mehr mit ihr zu tun hatte, entging mir das bisher wohl immer.

Den Rest der Pause reden wir über die zwei Stunden Mathe, die gleich folgen werden und über die Englischhausaufgabe, die wir für heute erledigen sollten. Mir ist das aber auch ganz recht und ich versuche, mich am Gespräch mehr zu beteiligen. Dennoch habe ich das Gefühl, dass ich mich ebenfalls erst mal wieder sortieren muss.

10

Nach der Pause mache ich mich zusammen mit Guillotine und Marianne auf den Weg zum Mathematikraum. Irgendwie ist es merkwürdig, dass Marianne sich auf einmal mit uns abgibt. Es scheint sie gar nicht zu stören, dass nun alle über sie reden. Ein komisches Gefühl, so zu dritt. Aber ich finde es trotzdem toll, dass sie offenbar die Seiten gewechselt hat und nicht wie die anderen blind durch die Gegend läuft. Ich hätte ihr das nie zugetraut. Guillotine und sie verstehen sich auch ganz gut. Schön, dass sie nun auch noch eine Freundin hat. Ich bin mal gespannt wie der nächste Sportunterricht verläuft. Letztes Mal haben sie die Mädchen aus unserer Klasse gepiesackt. Ich glaube zu zweit fühlt man sich da stärker, weniger unwohl und nicht so beobachtet. Zumindest weiß ich alleine nie wohin mit mir. In so einer Situation starre ich irgendeinen Punkt an, der sich merkwürdigerweise meistens auf dem Boden befindet. Hat man jemanden zum Reden, so ist man abgelenkt für den Moment.

Wir erreichen das Klassenzimmer gerade noch rechtzeitig zusammen mit Herrn Kresse.

«Aber jetzt rein mit euch!», faucht er uns gleich an. Ich suche mir mit Guillotine einen Zweiertisch, Marianne platziert sich eine Reihe vor uns. Der Lehrer versucht auch gleich mit seinem Unterricht anzufangen, doch er wird immer wieder von Patrick gestört, dessen Stimme man aus dem Gemurmel der letzten Reihe heraushört. Er redet ununterbrochen mit seinen «Kollegen». Das geht soweit, bis unserem Mathelehrer der Kragen platzt:

«Sag mal, was gibt's denn da zu reden? Könnt ihr nicht einmal leise sein da hinten?! Patrick, du kommst jetzt hier vor zu mir, damit ich dich im Blick habe.» Er zeigt auf den Platz neben Marianne, die aus ihrem Mathebuch hochschreckt. Man sieht ihr die Entrüstung an, doch sie sagt nichts. Währenddessen schlendert Patrick lässig nach vorne. Seine Kumpels rufen ihm noch die berühmten Worte «Check ab, man!» nach. Genauso lässig lässt er sich auf den Stuhl neben Marianne fallen, die ihn einfach nur empört ansieht und sich dann wieder ihrem Mathematikbuch widmet. Kaum zu glauben, dass diese zwei sich einmal gut verstanden haben.

Herr Kresse fährt mit seinem Unterricht fort, doch er weicht wieder einmal vom Thema ab. Guillotine und ich arbeiten währenddessen wie Marianne im Mathebuch weiter. Sie hat es jedoch nicht ganz so leicht mit Patrick neben sich, der sie dauernd anstarrt. Mein Blick bleibt auf ihm ruhen während ich über ihn nachdenke. Während ich ihn verachte. Und während ich mir irgendwie wünsche, ihn für immer los zu sein, weil das doch ganz angenehm war ohne ihn in der letzten Stunde. Er dreht sich zu mir, als hätte er meinen Blick im Nacken gespürt, und starrt nun mich an. Ich kann dem jedoch nicht standhalten und sehe wieder in mein eigenes Buch. Er beugt sich daraufhin ein wenig mehr zu mir rüber und meint flüsternd: «Man, was seid ihr nur für Missge…»

«Hat dir irgendjemand gesagt, du sollst dich woanders hindrehen?!»

Herr Kresse scheint vom Verhalten seiner Klasse nun endgültig genervt zu sein und rennt aus dem Klassenzimmer.

«Ich habe genug für heute von euch. Lernt, geht Essen, geht nach Hause, m-i-r e-g-a-l!» Kaum knallt er die Tür zu, blüht Patrick wieder auf.

«Hast das gesehen? Voll der Absturz, ey.»

Er steht auf, stellt sich vor die Klasse und ahmt Herr Kresse nach. Dann kommt er zu Guillotine, die immer noch in ihre Matheaufgaben vertieft ist und klappt einfach ihr Buch zu. Etwas erschrocken blickt sie ihn an.

«Ey man, hier werden keine Hausaufgaben gemacht! Die macht man z-u H-a-u-s-e.»

Diese Worte sagt er zu ihr, als hätte er es mit jemandem zu tun, der schwer von Begriff ist. Daraufhin lacht er sie aus. Direkt. Sie beginnt so ruhig wie möglich ihr Zeug einzupacken. Ich merke allerdings, wie ihre Hände leicht zittern.

«Ah, zu arrogant um zu antworten? Hält sich für was Besseres...»

Patrick sticht weiter in der offenen Wunde. Er will Guillotine regelrecht fertig machen, testen wie weit er gehen kann. Und ich? Ich selbst sitze passiv daneben und schäme mich so unendlich, dass ich einfach nur beobachte und nichts sagen kann. Mir bleibt einfach die Luft weg, um irgendetwas zu erwidern. Also packe ich nun auch mein Zeug zusammen.

«Och, geht ihr schon?», fragt Patrick in gespielt besorgtem Ton. Wieder einmal beginnt er zu grinsen, aber dann wird er von Marianne auf seinen Stuhl zurück gezerrt.

«Oha, ey das ist körperliche Annäherung!», beschwert er sich. Immer noch Patrick festhaltend lächelt sie uns an und sagt: «Ihr könnt ruhig gehen... ich sollte noch etwas bleiben...»

Guillotine und ich lassen uns das natürlich nicht zweimal sagen und verlassen daraufhin das Klassenzimmer und die angespannte Situation.

Im Gang herrscht Stille bis auf die Lautstärke, die aus dem Raum dringt, wo meine Klasse drin ist.

«Alles okay?», frage ich Guillotine, die einfach nur geradeaus starrt.

«Ja, mir geht's gut...», versucht sie mir weiszumachen. Aber ich merke, dass es ihr nicht gut geht.

«Willst du reden?», frage ich sie, weil ich es für passend halte. Diese Worte verleihen dem Augenblick etwas Wissendes, Beschützendes. ‹Da ist etwas mit dir, das ich sehe und ich möchte mehr darüber erfahren, weil du mir am Herzen liegst!› Das bedeuten diese Worte für mich. Doch Guillotine blickt weiterhin leer umher und antwortet nicht. So laufen wir eine Weile durch die Schule. Schweigend und ohne Ziel, bis wir beide fast wie geplant auf einmal vor dem Redaktionsraum der Schülerzeitung stehen. Ich blicke auf meine Uhr und stelle fest, dass wir noch etwas mehr als eine Stunde bis zum Englischunterricht haben. Dann sehe ich Guillotine an, die immer noch schweigend den Raum aufschließt. Wie gestern. Als sie reden wollte.

So sitzen wir uns also wieder gegenüber an exakt demselben Tisch wie gestern. Ich muss daran denken, wie mir Guillotine genau hier ihre Armverletzung gezeigt hat. Aber irgendwie ist das nichts im Vergleich zu all dem Diffusen, was dahinter steckt.

«Dein Text in SdL hat mich stark beeindruckt. Du schreibst wirklich unglaublich!», sage ich, um einen Einstieg in all das zu finden. Ich will mich ja auch sortieren. Normalerweise mache ich das für mich alleine im Stillen mit Stift und Papier, aber irgendwie habe ich das

Gefühl, dass es mit Guillotine irgendwie anders sein könnte... spannender. Denn sie ist trotz der vielen Gemeinsamkeiten ein anderer Mensch, der mir auch neue Sichtweisen zeigen kann. Und das ist es, was ich mir gerade wünsche: eine andere Sicht.

Aber sie bedankt sich nur und sagt nichts mehr dazu, sodass ich irgendwie wieder an der Reihe bin.

«Also ich schreibe ja auch gerne... mir hilft das zum Beispiel sehr, meine Gedanken zu sortieren...»

«Warum bist du dann nicht in der Schülerzeitung?», fragt sie mich direkt.

«Weil ich nicht... vermutlich, weil... ach, ich weiß es wirklich nicht... bisher ist mir das ehrlich gesagt noch gar nicht in den Sinn gekommen... wie bist du eigentlich gleich am ersten Tag Chefredakteurin geworden?»

«Öhm... naja...»

Ich blicke sie an und irgendwie tun sich mir noch mehr Fragen auf. Stimmt, jetzt fällt es mir wieder ein. Sie wurde gleich am ersten Tag Chefredakteurin, obwohl sie vorher noch nie auf eine öffentliche, richtige Schule gegangen ist.

«Sag mal woher wussten die, dass du so was kannst?»

Sie sieht mich an, kommt dann etwas näher und flüstert: «Sie wissen das ja nicht. Sie denken doch, ich sei erst vor kurzem hierher gezogen... und da ich von Anfang an hier was wert sein wollte... naja, da hab ich halt geblufft...»

«Oh», ist das erste und einzige was mir in dem Moment dazu einfällt.

«Und... was schreibst du so?», fragt sie mich, um das Thema wieder in eine andere Richtung zu lenken. Ich mache mir aber noch Gedanken darüber, wie sie es an-gestellt haben könnte, alle glauben zu lassen, dass sie gut im Schreiben ist und jemals bei einer Schülerzei-tung war. So ohne Papiere bzw. Unterlagen. Aber Mo-ment mal, die muss sie doch haben? Sie kann nicht ein-fach hierher kommen ohne nachzuweisen, dass sie auf einer anderen Schule war, oder? Ich weiß nicht mehr wie das früher war, denn ich habe ja auch schon mal die Schule gewechselt. Als mein Vater meine Mum ver-lassen hat, bin ich mit ihr umgezogen, um so weit weg wie möglich von ihm zu sein. Sie hat damals alles mit der Schule geregelt, daher weiß ich nicht mehr genau wie das war.

Doch ich sage nichts von all dem und behalte mei-ne Bedenken für mich. Ich will nicht, dass sie von mir denkt, ich würde ihr misstrauen... oder etwas unter-stellen.

«Ich schreibe Geschichten über alles Mögliche, was mich so beschäftigt. Hauptsächlich sind das Kurzge-schichten und Gedichte. Zurzeit arbeite ich an einem Roman», antworte ich Guillotine, die sichtlich beein-druckt scheint.

«Aber ich hab irgendwie keine Hoffnung, dass er je-mals ein Ende findet... oder die Geschichte überhaupt mehr als ein paar Seiten füllt... wenn ich ehrlich bin... bin ich gerade bei drei Sätzen...»

«Was wird es denn für ein Roman?», fragt sie mich interessiert.

«Irgendwas zwischen Liebesgeschichte und Drama.»
Ich muss irgendwie lächeln. Sie auch.

11

Nach unserer kurzen Pause von den anderen steht Englisch bei Herrn Links auf dem Stundenplan. Ich habe mir aber für dieses Mal vorgenommen mehr mitzuarbeiten. Den Ruf als schlechten Schüler muss ich unbedingt loswerden. Ich habe das Gefühl, dass ich mich beweisen und zeigen muss, dass ich nicht so bin wie der große desinteressierte Rest der Klasse, auch wenn das alles andere als leicht sein wird.

«Diesmal werde ich versuchen, besser mitzuarbeiten», verkünde ich also Guillotine in der Hoffnung, dass ich jetzt erst recht den Ansporn habe, besser mitzuarbeiten. Sie lächelt einfach nur und ich ergänze:

«Ich möchte nicht, dass man mich für einen uninteressierten und schlechten Schüler hält... zwar störe ich nicht so wie Patrick, aber ich fühle mich dennoch auf einer Stufe mit ihm...»

Jetzt lächelt sie nicht mehr und meint in ernstem Ton: «Ich glaube schon, dass die Lehrer sehen, dass du nicht so bist... aber was sollen sie auch machen?»

Als ich darauf auch keine Antwort weiß, ergänzt sie: «Ich wünsche dir trotzdem viel Erfolg!»

So nehme ich mir vor, mich ab jetzt bei jeder Frage zu melden, deren Antwort ich auch nur erahne. In den anderen Unterrichtsstunden schaffe ich das ja auch immer besser. Das ist nämlich gar nicht so schwer, wie ich dachte. Denn wenn man wirklich aufpasst und einmal damit angefangen hat, gelingt es einem immer mehr, seine Gedanken spontan und schnell in Worte zu fassen. Und wenn man voll dabei ist, dann sowieso.

Das Spontane war ja bisher immer mein Problem. Normalerweise lege ich mir einen sehr genauen Antwortsatz im Kopf zurecht, bevor ich mich unsicher melde. Ich weiß, dass ich mir in dieser Hinsicht zu viele Sorgen mache, aber ich will einfach nicht als sprachlos gelten. Wenn ich schon mal etwas sage, soll es auch gut formuliert und durchdacht sein. Doch bis ich soweit bin, ist es dann meist zu spät und ein anderer kommt mir zuvor. Oder der Lehrer beschließt uns die Antwort vorzukauen, wie es leider sehr viele machen.

Aber ich komme gar nicht dazu, meinen Plan umzusetzen, denn Herr Links hat etwas anders vor:

«So, dann sehe ich mir mal eure Hausaufgaben an...»

Anschließend geht er an allen Tischen vorbei und zeichnet hier und da einen Strich in sein Notenbüchlein. Und er macht es wieder: Die Schüler als Nichtsnutze darstellen. Ich merke es an seinem schadenfrohen, durch und durch bösartigem Gesichtsausdruck. Außerdem akzeptiert er einfach, dass viele keine Hausaufgaben haben. Gut, er akzeptiert es nicht wirklich, aber es ist ihm egal. Er sagt nur «aha» und macht seine Striche. Er belehrt die Schüler nicht, er lobt ja nicht einmal die, die ihre Hausaufgaben haben. Am Ende steht dann allerdings im Klassenbuch: «So und-so-viele Schüler ohne Hausaufgaben!!!» Er sagt uns nicht einmal, dass er das hineingeschrieben hat. Den Ärger bekommen wir dann von anderen Lehrern. Auch eine gute Taktik von ihm. Sich ja nicht aufregen, das Bestrafen anderen überlassen. Ich mag diesen Lehrer einfach gar nicht. Und wie ich das sehe mag er mich auch nicht.

Als meine Reihe mit Marianne, Guillotine und mir dran ist, benötigt er seinen Stift nicht, denn wir drei haben alle die Hausaufgaben.

«Soso...», meint er nur und wendet sich jetzt an Guillotine, die ihm prompt einen Stapel Blätter in die Hand drückt. Auf seine verwirrte Mine erwidert sie nur selbstbewusst: «Meine Strafarbeit.»

«Oh... gut...», sagt Herr Links etwas verwirrt, da er sich wohl schon darauf vorbereitet hatte, dass sie es vergessen hat bzw. in der Zeit nicht fertig geworden ist.

Für den Rest der Stunde diktiert er uns einen Text auf Englisch und lässt ihn uns anschließend mithilfe von Wörterbüchern übersetzen, was angesichts der Tatsache, dass wir wahrscheinlich Rechtschreibfehler bei den Wörtern gemacht haben, die wir nicht kennen, echt keine leichte Aufgabe ist. Aber genau so eine Aufgabe findet er angemessen. Übermorgen schreiben wir sogar eine Englischarbeit nach diesem Prinzip.

Während wir still arbeiten, liest sich Herr Links die Strafarbeit von Guillotine durch. Als er fertig ist, ruft er sie zu sich. Ich blicke über mein Wörterbuch zum Pult wo der Lehrer mit Guillotine redet. ‹Ich hoffe nur, sie kommt klar...› denke ich, da Herr Links wieder seine typischen Annäherungsversuche einleitet. Doch diesmal lässt Guillotine das nicht mit sich machen. Sie blickt ihn nur wenig begeistert, aber standhaft an, was ihn dazu bringt, von ihr abzulassen. Als sie sich wieder neben mich setzt, schiebt sie mir den Stapel Blätter rüber und zeigt mir, was Herr Links unter die Arbeit geschrieben hat: Sehr gut!

«Sehr gut», sage nun auch ich und wir lächeln uns wieder einaml an. Ich glaube, so oft wie mit ihr habe ich das in meinem ganzen Leben noch nicht gemacht.

12

In der Mittagspause sitzen Guillotine und ich wieder alleine am Esstisch in der Kantine, da Marianne nicht mit wollte. Heute gibt es Kartoffelsuppe mit Würstchen und Brötchen. Überrascht stelle ich wieder einmal fest, dass wir die gleichen Essgewohnheiten haben. Wir beide reißen Stücke von unseren Brötchen, die wir dann in die Suppe werfen.

Ihr scheint es nun wieder besser zu gehen als heute Morgen, aber ich mache mir trotzdem etwas Sorgen, was ein ungewohntes Gefühl ist. Immer habe ich gedacht, ich wäre der einzige Mensch hier, der sich mit Selbstmordgedanken plagt und dem es oft wehtut, wenn er einfach nur angesehen wird. Aber Guillotine scheint das alles auch weh zu tun. Und einerseits bin ich wirklich so wahnsinnig froh, dass ich ihr begegnet bin, andererseits tut es mir Leid, dass so jemand Wunderbares wie sie auch solche Gedanken hat. Aber das macht sie wohl auch so wunderbar für mich, so traurig das jetzt klingt.

Ich beobachte sie, wie sie vorsichtig kleine Stücke von ihrem Brötchen abreißt. Erst jetzt fällt mir auf, dass sie ihre Nägel rot lackiert hat. Irgendwie würde ich sie gerne darauf ansprechen, aber ich weiß nicht genau wie oder was ich sagen soll. Wie unabsichtlich blicke ich auf meine schwarz lackierten Nägel. Der erste Gedanke der mir kommt ist, dass ich sie heute neu lackieren sollte.

«Schöne Farbe!» Guillotine blickt jetzt auch auf meine Nägel. Ich glaube, sie meint das wirklich ernst, aber irgendwie wundere ich mich trotzdem, dass sie mich nicht für abnormal hält...

«Danke!», erwidere ich und und blicke dann auf ihre Nägel. «Deine auch.»

Und auf einmal treffen sich unsere Blicke in so einer extremen Intensität, dass ich eine Gänsehaut bekomme. Mir kommt es vor, als würde die Zeit stehen bleiben, dann fängt Guillotine an zu lachen und sagt:

«Also wir sind definitiv nicht normal.»

«Ja... aber was heißt schon normal? Doch wohl eher normal im Sinne der Gesellschaft...», murmle ich, den Blick wieder in meine Suppe gerichtet.

«Hmmm... also ich finde uns ‹normal›.»

Ich blicke sie wieder an und sie lächelt immer noch und wiederholt das Wort «Normal». Dabei betont sie es auch gestisch, indem sie Zeige- und Mittelfinger einknickt, was soviel wie ein Anführungszeichen bedeutet. Dann verdreht sie die Augen und schüttelt den Kopf. Ich muss lachen, obwohl es eigentlich eher traurig ist, so anders zu sein, als es «die Gesellschaft» scheinbar erwartet. Manchmal glaube ich, man katapultiert sich damit selbst ins Aus und macht sich zu etwas anderem, zu einem Außenseiter. ‹Aber... lieber das, als so zu sein wie alle sind› denke ich und stelle wieder einmal fest, dass ich es mir damit irgendwie ausgesucht habe. Bin ich deshalb also selbst Schuld, dass Patrick mich als Opfer gewählt hat?

Eine Weile sagt keiner etwas und wir essen schweigend unsere Suppe, bis Guillotine den Faden wieder aufnimmt:

«Weißt du, was ich mich gerade frage? Warum wir so empfinden, wie wir nun einmal empfinden. Warum versuchen wir manchmal alles, um nicht aufzufallen und tun es gerade dann trotzdem? Warum fühlen wir uns so alleine und so falsch wie wir sind, können es aber nicht ändern? Warum werden wir ständig als arrogant gesehen, obwohl wir uns doch eigentlich wertlos fühlen? Ich meine, warum redet man uns das ein? Oder lassen wir uns das nur einreden? Warum ist alles manchmal so ungefestigt und unsicher? Warum scheint alles so labil zu sein?»

«Du sprichst mir aus der Seele!», sage ich, »Denn genau das frage ich mich auch. Kennst du diese Einstellung, bei der einem egal ist, was die anderen sagen oder wenn sie einem komische Blicke zuwerfen? Warum können wir das nicht? Warum ist es uns nicht egal? Ich meine, gut, an niemandem gehen Beleidigungen unbeachtet vorbei, aber warum interpretieren wir in alles soviel hinein? Und immer gegen uns?»

Guillotine legt bestimmt ihren Löffel neben den Teller. «Also irgendwie kommen wir so nicht auf die Antworten...»

Sie schüttelt ernst den Kopf, nimmt dann ihr Tablett und steht auf.

«Kommst du?», fragt sie mich und ich stehe ebenfalls auf und folge ihr.

13

Zurück im Redaktionsraum der Schülerzeitung sitzen wir uns schweigend gegenüber und starren auf einen Zettel, den wir mit dem Wort «ANTWORTEN» zwischen uns gelegt haben. Keiner von uns hat welche, also steht nichts weiter darauf.

«Irgendwie will ich hier weg… was haben wir heute Mittag?», fragt Guillotine nach einer Weile.

«HW, also Hauswirtschaft… oder hast du Technik gewählt?»

«Nein, HW… was nehmt ihr da gerade durch?»

«Letzte Woche haben wir uns drei Stunden über den Anbau von Getreide unterhalten. Normalerweise müssten wir also heute kochen.»

«Dann ist das also immer ein Wechsel zwischen Kochen und Theorie?»

«Ja.»

«Was würdest du machen, wenn du heute Mittag zu Hause sein könntest?»

«Ich denke, ich würde Musik hören, schreiben, oder einfach nur faul rumliegen… und du?»

«Okay, das hört sich besser an, gehen wir.»

Plötzlich steht sie auf, wirft sich die Tasche über die Schulter und blickt mich erwartungsvoll an.

«Was? Wir können doch nicht einfach abhauen?!»

Ich gebe zu, ich höre mich schockierter an, als ich es eigentlich bin. Aber irgendwie habe ich geahnt, dass das kommen würde. Sie will wieder weglaufen. Diesmal nur will sie auch das Schulgelände verlassen.

«Bist du... dir sicher?», frage ich sie vorsichtig, obwohl ich die Antwort bereits kenne.

«Ja», erwidert sie mit einer Ernsthaftigkeit, wie ich sie selten bei jemandem sehe und ich traue mich gar nicht mehr, wirklich dagegen zu rebellieren. Gerade eben hatte ich mir noch vorgenommen, ein besserer Schüler zu werden und jetzt stehe ich an der Schwelle zum miesen Schulschwänzer.

«Okay... und was sagen wir den Lehrern?»

«Nichts.»

«Wie nichts?»

«Wir gehen einfach.»

«So einfach geht das aber nicht... wir müssen uns abmelden.»

Ich bin ja nur ungern so spießig, aber damit überspannt Guillotine den Bogen etwas zu sehr. Es ist nicht so, dass ich gerne hier bleiben würde, aber ich sehe dieses Weglaufen eigentlich nicht mehr als Lösung für meine Probleme. Ich versuche das einfach nicht wieder zu einer Angewohnheit werden zu lassen. Das habe ich nämlich an den letzten Schulen getan: Ich wollte nicht mehr in die Klasse, die mich da ja ähnlich fertig gemacht hat wie hier. Allerdings hatte ich nie den Mumm abzuhauen ohne was zu sagen. Also wurde ich einfach krank. In einem Schuljahr war ich sogar dreimal oder so im Krankenhaus, also kann man hier auch nicht von Simulation sprechen oder etwas, das ich mir nur einbilde. Es war auch keine Einbildung, es war Psychosomatik. Das ist, wenn der Körper negativ reagiert aufgrund einer psychisch belastenden Situation.

Aber was wäre denn ein anderer Weg, um mit dem, das einen so sehr krank macht, fertig zu werden? Eigentlich sehe ich gar keine Lösung... ich versuche nur irgendwie nicht aufzufallen und dank meines Stils, in dem ich mich eben am wohlsten fühle, gelingt mir selbst das nicht.

«Was willst du den Lehrern denn sagen?», reißt mich Guillotine aus meinen Gedanken.

Ich überlege kurz. «Wie wäre es mit ‹Ich habe Kopfschmerzen› oder ‹Mir ist schlecht›?!», frage ich im Gegenzug.

«Ach... das glauben die dir doch sowieso nicht.»

«Das ist mir egal... aber ich hab was gesagt!»

Es kommt mir so vor, als würde Guillotine das wirklich nicht einsehen wollen. So stur kenne ich sie gar nicht. Aber im Grunde kenne ich sie so oder so auch gar nicht, da ich ihr gestern das erste Mal begegnet bin. Vielleicht hab ich mich geirrt und man kann sie wirklich nicht einschätzen. Vielleicht will sie das auch gar nicht... vielleicht...

«Bitte, ich will einfach nur hier weg...», sagt sie flehentlich und überredet mich damit, ohne dass ich wirklich weiß, warum ich jetzt auf einmal zustimme. Alleine würde ich mich das jedenfalls niemals trauen.

Wir verlassen also erst den Raum, dann die Schule und machen uns so unauffällig wie möglich auf den Weg zur Bushaltestelle. Ich habe ein ungutes Gefühl, weil ich einfach so gehe ohne etwas zu sagen. Guillotine hingegen scheint auf einmal einen viel leichteren Gang zu haben. Ganz so, als wäre eine Last von ihr gefallen. Über mich jedoch legt sich eine Schwere, die ich mir nicht erklären kann. Befreit fühle ich mich also keineswegs. Dass ich mehrere Tage nicht in der Schule war oder mitten drin gegangen bin, ist ja schon mal vorgekommen. Aber nie ohne mich vorher abzumelden. Das ist irgendwie ganz und gar nicht meine Art. Aber jetzt gibt es kein zurück mehr...

14

Nach einer schweigenden Busfahrt steigen wir an der Haltestelle unserer Straße aus.

«Und jetzt?», frage ich sie, während der Bus bereits wieder wegfährt und alles nun wie ausgestorben wirkt, da wir hier die einzigen sind.

«Jetzt gehen wir zu dir.»

Ich überlege wie ich mein Zimmer heute Morgen verlassen habe und stimme schließlich zu. Auch auf dem kurzen Weg zu mir sagt keiner von uns etwas. Bis wir vor meiner Haustür stehen bleiben und ich langsam meinen Schlüssel in das Schloss stecke.

«Nikos...»

Mir läuft es eiskalt den Rücken runter wie sie meinen Namen ausspricht. Mit so einer sanften Ruhe in der Stimme habe ich das noch nie gehört. Und schon gar nicht aus dem Mund eines Mädchens.

«Ja... ?», frage ich etwas verschüchtert und halte in meiner Bewegung inne.

«Willst du mich überhaupt in deinem Haus haben?»

«Ja, natürlich. Wieso denn nicht?»

«Okay... ich will nicht, dass du was tust nur weil ich es so will... auch wenn ich das gerade gesagt habe...»

Nun sehe ich sie etwas überrascht an. Sie blickt ebenso überrascht zurück. Ich weiß gar nicht, was ich darauf antworten soll. Guillotine schubst mich ja irgendwie schon in eine Richtung, die sie will, was ihr offenbar auch aufgefallen ist. Oder weiß sie das und macht es bewusst? Und stört mich das? Macht mich das irgendwie willenlos? Warum kann ich mir mein Handeln gerade absolut nicht erklären?

Nach einer Weile wird mir bewusst, dass ich ja eigentlich gerade aufschließen wollte und ich blicke wieder auf den Schlüssel im Schloss. Ich beschließe das für mich vorerst so zu klären, dass ich sie einfach rein lasse und meine: «Ich schließe erst mal auf...»

Sie folgt mir ins Haus und auch gleich in mein Zimmer, das sich hinter der ersten Tür rechts befindet.

«Fühl dich wie zu Hause», sage ich zu ihr, während ich wie gewohnt meine Tasche auf die Ablage werfe und den Rechner anschalte. Vorsichtig stellt Guillotine ihre Tasche im Eck ab und sieht sich um. Mit großen Augen inspiziert sie jedes Detail in meinem Zimmer: Ihr Blick schweift über die vielen Poster, Fotografien und selbst gemalten Bilder an den grau gestrichenen Wänden, über meinen etwas chaotischen Computertisch in der Ecke, über mein Bett mitten im Zimmer, über mein Radio, mein Bücherregal und schließlich über den

Kleiderschrank mit dem großen Spiegel. Langsam geht sie auf ihn zu und betrachtet sich. Ich stelle mich neben sie. Mir fällt erst jetzt auf, dass sie etwas kleiner ist als ich. Eine Weile bleiben wir so stehen, dann dreht sie sich zu mir. Mein Herz macht einen Sprung und beide machen wir einen Schritt aufeinander zu. Reflexartig nehme ich sie in den Arm. Sie dreht sich leicht zum Spiegel um wohl zu sehen wie das aussieht. Ich blicke auch hinein: Beide haben wir grüne Augen und sehr helle Haut. Nur sie hat wasserstoffblonde, fast weiße Haare und meine sind sehr dunkelbraun, fast schwarz. Ihr Kleidungsstil ist eher weich, zart und edel mit weißen Rüschen, Spitze und dezentem Schmuck, meiner ist eher hart mit großen Nieten, einem alten Manson-Shirt und schwarzer Jeans. Gothic Lolita trifft hier irgendwie auf Heavy-Metal-Punk-Goth-Irgendwas. Ich erwähnte ja bereits, dass es für mich wohl keine Schublade gibt.

Ich schließe meine Augen und könnte stundenlang so stehen bleiben mit diesem warmen weichen, präsenten und irgendwie doch auch zerbrechlichen Körper in meinen Armen. Leider löst sie sich in genau diesem Moment von mir. Irritiert öffne ich meine Augen wieder und sehe ihr zu, wie sie zu meinem Bett schlendert, sich umdreht und setzt. Ich habe ohne es zu merken jeden Schritt von ihr beobachtet, jede Bewegung ihres zarten Wesens... ‹Nikos, beherrsch' dich› sage ich selbst zu mir und reiße mich somit aus meinen Gedanken.

«Willst du was trinken?», frage ich sie.

«Ja, gerne.»

Sie folgt mir in die Küche, die zum Glück sauber aussieht. Ich vermute mal, sie würde bei meiner Mum und mir niemals anders aussehen, da wir beide extrem ordentlich sind, was das angeht. Aber gerade durch unseren Perfektionismus haben wir ein sehr verschobenes Bild von unserer Ordnung. Es tut gut, ab und an bei Mario zu sehen, dass das eigentlich kein Standard ist und woanders ein wenig Chaos herrschen kann und die Menschen dennoch nicht unordentlich sind. Eher entspannter.

Ich öffne den Kühlschrank und zähle auf was wir alles haben: «Also, wir haben Mineralwasser, Apfelsaft, Eistee,... und Kaffee.» Ich zeige auf das schwarze Monstrum auf der Theke. Ihr Blick bleibt auf der Kaffeemaschine ruhen, dann sagt sie: «Ich nehme einen Kaffee.»

«Okay, kommt sofort...» Ich komme nun doch etwas in Versuchung mit meiner Kaffeemaschine anzugeben. Man streitet ja darüber ob Menschen eine Beziehung zu einer Maschine wie zum Beispiel einem Auto aufbauen können. Ich bin der Meinung, dass das sehr gut möglich ist. Nur dass es bei mir eine Kaffeemaschine und kein Auto ist.

Ich öffne den Schrank in dem die Tassen stehen, drehe mich aber noch mal um und stelle ihr die entscheidende Frage: «Willst du normalen Kaffee, Cappuccino, Latte Macchiato oder lieber einen Espresso?»

«Ähm... also ich nehme einen Cappuccino, wenn es keine Umstände macht...»

«Nee, macht es nicht. Ich mach mir dann auch einen.»

Vollkommen in meinem Element mache ich die Kaffeemaschine an, befülle den Milchaufschäumer, mahle frisch die Kaffeebohnen, fülle das entstandene Kaffeemehl in den Siebträger, drücke es mit dem Tamper an und befestige ihn schon mal an der Maschine. Während ich das alles mache, läuft sie durch die Küche. Als unsere Blicke sich begegnen, meint sie: «Ihr habt aber eine große Küche…» Staunend fährt sie mit den Fingern über die marmorierte Arbeitsplatte. Mir fallen daraufhin wieder ihre roten Fingernägel auf, denn die gesamte Küche ist bis auf die Kaffeemaschine, die Herdplatte und mir weiß. Wie ihre Haut. Ihr Haar…

Der Signalton des Milchaufschäumers reißt mich aus meinen Gedanken und ich beende mein Werk, indem ich den Schaum in die zwei Tassen fülle, welche ich unter den Sieb stelle. Als das Wasser durchläuft, beginnt die Küche zu duften. Mittlerweile steht Guillotine neben mir und bestaunt die Maschine. «Siebträger?», fragt sie. Und ich nicke einfach nur lächelnd.

Mit den Cappucchini gehen wir wieder in mein Zimmer und setzen uns auf mein Bett, wo wir erst einmal schweigend nebeneinander sitzen. Dann fällt Guillotines Blick auf das Buch auf meinem Nachttisch. Es ist ein Frauenroman. Sie greift danach und beginnt den Klappentext zu lesen. Als sie mit lesen fertig ist, sagt sie: «Das ist ein ziemliches No-Name Buch, oder? Ich glaube sogar Eigendruck, denn ein Verlag steht nicht da… gehört das deiner Mum?»

«Nein, das ist meins, ich hab's vom Flohmarkt für zwei Euro.»

«Kann ich mir das mal ausleihen?»

«Klar.»

«Danke.»

«Bitte.»

Sie legt es zurück und wir schweigen erneut.

Es ist nicht unangenehm so still dazusitzen. Ich bin ja auch eher still wie sie. Aber in mir ist irgendwie trotzdem ein Drang etwas zu sagen, weil es so ungewöhnlich ist, sich anzuschweigen. Ich würde sie gerne noch so vieles fragen zu allen möglichen Themen, doch ich weiß gar nicht, wo ich anfangen soll und wie sie reagieren würde. Jetzt hätte ich endlich einmal die Gelegenheit, noch mehr über sie herauszufinden und irgendetwas hält mich davon ab.

Ich blicke auf die Uhr und bin erstaunt wie schnell die Zeit vergangen ist. Die anderen haben gleich Schule aus.

«Was machst du eigentlich so, wenn du nach Hause kommst?», fragt mich Guillotine. Ich muss eine Weile überlegen, dann sage ich: «Hmmm... meistens gehe ich an den Computer.» Ich deute auf den PC, der auf meinem Schreibtisch steht.

«Ich will dich nicht davon abhalten...»

«Nein, dass geht schon in Ordnung. Du bist ja mein Besuch, daher wäre es doch unhöflich, wenn ich einfach so was für mich machen würde.»

Sie lächelt und sagt: «Geh ruhig, ich kann ja ein bisschen lesen.»

Etwas erstaunt sehe ich sie an, denn normalerweise beschäftigen sich meine Gäste, falls ich den welche habe, nicht mit sich selbst. Es sei denn mein bester Freund Mario ist zu Besuch und hat Lust Xbox oder Playstation zu spielen. Meistens macht er das dann alleine, denn mir ist nicht immer nach zocken. Ich habe alle Spiele durch und der Rest macht mir keinen Spaß mehr oder so viel Spaß, dass ich alles andere vernachlässige, was bei mir manchmal sehr gefährlich sein kann. Bei Mario ist das anders. Seine Eltern wollen nicht, dass er den ganzen Tag «in die Röhre glotzt» und kaufen ihm deshalb auch keine Konsole. So kommt es gelegentlich, dass ich ihn zocken lasse und nebenher einfach etwas anderes mache wie z. B. schreiben oder lesen. Mir macht das nichts aus, ihm ebensowenig und wir kennen uns ja jetzt schon so lange, dass ich mir sicher sein kann, dass er mich nicht nur deshalb gerne besucht.

Guillotine steht auf und erweckt den Bildschirm meines Computer wieder zum Leben, der mittlerweile automatisch in den Standbymodus gegangen ist. Ich hatte mich eigentlich noch gar nicht dazu entschlossen, auf ihr Angebot einzugehen, unterschiedliche Dinge zu machen. Aber eigentlich ist das eine gute Idee. Ich kann schreiben während sie liest. Irgendwie ist dann zwar jeder für sich, man ist aber trotzdem beieinander und nicht alleine.

Als Guillotine vor mir stehen bleibt und nach dem Buch auf meinem Nachttisch greift, stehe ich auch auf und setze ich mich auf meinen Computerstuhl. Sie hat sich inzwischen auf mein Bett gelegt und das Buch aufgeschlagen. ‹Es ist das erste Mal, dass ein Mädchen in meinem Zimmer ist und jetzt liegt sie schon in meinem Bett› denke ich mir und kann meine Freude darüber kaum verbergen. Eine Weile sehe ich sie so lächelnd an, dann blickt sie auf. Ihr Blick trifft mich wie ein Schlag und ich drehe mich ruckartig zu meinem Bildschirm, um was Sinnvolles zu tun. Sie soll sich nicht bedrängt von mir fühlen und ich befürchte, wenn ich sie die ganze Zeit ansehe, könnte das der Fall sein. Aber ihr Blick... trifft mich immer wieder erneut. Aber nicht wie ein harter Schlag, der mir Angst macht, eher wie etwas, das einen extrem bewegt, aber auf eine sanfte Art. Ich glaube... ich bin... verliebt? Zumindest extrem verzaubert...

drei

1

Es gibt Tage an denen bilden meine Gedanken ganz von
alleine die Sätze, die ich schreiben will. Dann schreibe ich einfach meine Gedanken auf. So wie sie kommen. Und diese Texte sind oft sogar so gut, dass ich
sie fast so stehen lassen kann. Aber jetzt? Jetzt, wo ich
hier mit Guillotine in meinem Zimmer sitze, scheint es,
als wäre mein Wortschatz vorübergehend nicht erreich-
bar. Die Sätze, die ich schreibe, hören sich einfach nicht
gut an, egal wie ich sie drehe und wende, lösche, nochmal neu schreibe, wieder einen Teil lösche,... Es hört
sich einfach nicht nach mir und so gezwungen an. Doch
ich weiß, das braucht in solchen Momenten seine Zeit.
Da kann es auch mal geschehen, dass ich zwei Stunden an einer Seite feile, bis sich alles für mich richtig
anhört. Manchmal geschieht das auch gar nicht mehr
und braucht ein paar Tage. Denn wenn die Muse mich
nicht küsst, fehlt einfach etwas... Dieses Etwas ist die
Art von Tiefe, bei der ich mein Herzblut einfließen und
die eigentliche Emotion dahinter fühlbar werden lasse.
Meine Texte sind daher auch fast alle autobiografisch.
Ich muss das, was ich schreibe auch wirklich *fühlen*, wie
ein Komponist wohl sein Instrument «erfühlt». Buchstaben zu schreiben bzw. zu tippen ist bei mir mehr als
bloß eine Handlung. Es ist eine Passion. Wenn ich darüber schreibe, was ich denke und fühle und quasi versuche, den Moment einzufangen, ordnen sich dadurch
meine Gedanken. Manches wird mir dann besser be-

wusst, auch wenn sich von einem auf den anderen Tag alles ändern und neu zu einer Einheit zusammenfügen kann. Die ganze Reflexion ist ein Prozess, bei dem mir das Schreiben einfach ein unglaubliches Glücksgefühl gibt.

Diese richtig intensiven Schreibphasen kommen in der Regel von selbst. In den depressiven Momenten zum Beispiel gelange ich viel leichter in meinen Schreibflow. Dann kommen ziemlich «gute Gedanken» zustande und daher auch aufs Blatt. Doch mit «gut» meine ich nicht «freundlich, nett, schön», sondern eher die Art von Gedanken, welche in Textform geschrieben eine bestimmte Situation nachempfinden lassen, auch wenn es eher trostlose, traurige Situationen sind. Man spürt das Herzblut und die Dramatik. Die Authentizität. Das «Echte», Wirkliche dahinter. Selbstmordgedanken kommen in dieser Art von Texten bei mir häufig vor. Es ist für mich auch erschreckend einfach, solche Gedanken zu haben. Die kommen vom zu vielen Nachdenken. Man merkt irgendwann, dass im Grunde genommen alles grau in grau ist. Keine Farben, keine Freude, irgendwie auch keine konkrete Vorstellung einer Zukunft. Und das Schlimme scheint kein Ende zu nehmen. Man beginnt die Welt zu hassen, alles inklusive sich selbst zu verachten. In diesen Momenten bin ich oft drauf und dran meinem trostlosen Leben ein Ende zu bereiten, wozu es bis jetzt aber noch nicht gekommen ist. Ich frage mich nur, warum? Habe ich etwa Angst, mir das Leben zu nehmen? Ja, habe ich. Und ich habe sogar Angst mich schon wieder nach dem «Warum?» zu fragen. Ich gebe das auch offen zu. Denn so oft ich es auch versuche, mich heimlich ritze, die riesige Dose Aspirin anstarre, mir irgendwelche Blumensamen kaufe,... bis jetzt lebe ich doch noch, oder? Das «Warum?» ist leider eine Frage, die mich ständig begleitet. Und die Antwort beginnt damit, wie man «Leben» definiert. Und ich bezeichne mein Leben nicht als Leben. Nicht als das, wie ich es mir wünschen würde. Doch mir scheint es auch unmöglich, mir ein schöneres vorzustellen. Eins, in dem ich mich nicht überflüssig fühle. Eins, in dem mir nicht immer und immer wieder bewusst wird, dass ich, egal wie sehr ich mich auch anstrenge, doch nichts verändern kann. Auf Leben folgt Tod. Ich frage mich nur wann und was davor noch kommen soll... und warum ich immer noch «lebe». In einer Welt mit dieser Gesellschaft und der seelischen Grausamkeit, derer sich die meisten gar nicht bewusst zu sein scheinen. So vielen Menschen ist gar nicht wirklich klar, welchen Schaden z. B. ihre Worte und ihr Handeln bei anderen bewirken und was sie damit anrichten können. Ich fühle mich oft so fremd in einer Welt, in der man als einzelner Mensch so gut wie gar nicht zählt. Was leiste ich denn schon? Lasse mich Tag für Tag von fiesen Mitschülern fertig machen und es trotz meiner scheinbar abgehärteten Stärke zu, dass ich mich letzten Endes mehr hasse als meine Peiniger... vielleicht sollte ich hier gar nicht sein. Gar nicht leben...

Das hört sich jetzt vielleicht alles sehr negativ an, doch ich denke nicht immer grundsätzlich schlecht über mein Leben. Ich habe nur gemerkt, dass auf Glück Pech folgt. Ein einfacher Gedanke, der mir umgekehrt allerdings weniger möglich erscheint. Glück ist nun einmal selten und relativ und von so vielen Dingen abhängig und nie von Dauer. Aber es kommt vor. Wenn auch nur für einen Moment. Als Pessimist sieht man das ja nicht so ein, wobei ich mich nicht als waschechten Pessimisten sehe, sondern eher als einen, der tief, ganz ganz tief im Inneren doch noch auf das Gute hofft, auch wenn er ständig alles schwarz malt und von seinen Mitmenschen enttäuscht wird.

Vermutlich bin ich auch deshalb noch da. Ich könnte mich jederzeit umbringen, aber irgendetwas in mir hat noch die vage Hoffnung, dass alles gut ausgeht und ich hier eine Aufgabe habe, auch wenn es nur eine kleine ist. Auch wenn es nur ein Satz ist, den ich irgendwann einmal zu irgendjemandem sagen werde und dieser eine Satz dessen Leben wiederum so beeinflusst, dass sich etwas bewegt. Aber wahrscheinlich fällt mir diese entscheidende Situation gar nicht auf und wenn die Person mir das nie sagen wird, merke ich gar nicht, wenn es so weit ist...

Ich schwanke so sehr zwischen dem Leben und dem Tod, dass ich es kaum aushalte; dieses Gefühl, dass alles keinen Wert mehr hat. Dass immerzu eine Enttäuschung auf die andere folgt. Und nach wie vor weiß ich einfach nicht, was ich vom Leben halten oder erwarten soll. In mir bleibt, egal wie sehr ich über etwas nachdenke, immer eine Art Angst. Ich habe sogar ernsthaft Angst mich zu freuen, dass ich jetzt jemanden wie Guillotine als «Freundin» habe, denn das Ganze wird vielleicht doch wieder von dunklen Wolken bedeckt. Dunkle Wolken in Form von Schule, Gesellschaft, Problemen,... und alles hängt irgendwie zusammen. Ich habe Angst, dass ich wieder Pech haben werde. Vielleicht sollte ich mich deshalb gar nicht wirklich freuen. Denn das wird mir heimgezahlt indem ich nur noch unglücklicher werde...

Eigentlich ist es schwach so zu denken. Es hört sich nicht nur so an, es ist so. Aber ich gehöre nun mal zu den Schwächlingen, die nichts sagen, wenn sie gepiesackt werden und immer zehntausendmal darüber nachdenken bevor sie überhaupt irgendwo irgendetwas sagen. Aus Angst? Es ist so schwierig... einerseits wünsche ich mir, dass meine Worte Gewicht haben, andererseits kann ich einfach nicht sprechen... und bin somit lieber still. Lieber bin ich ein Schwächling und ein Angsthase als jemand, der sich aufspielt wie Patrick. Oder ein Schläger. Und ein Dazwischen funktioniert bei mir nicht. Ich kann es mir zumindest nicht vorstellen.

Aber bin ich wirklich so schwach? Ängstlich, ja. Das gebe ich zu. Aber schwach? Mir fallen einige Situationen der letzten Tage ein, in denen ich stark, also selbstbewusst war oder mir im Nachhinein zumindest so vorkomme.

Motiviert, eine Lösung zu finden, öffne ich nun ein neues Dokument und beginne eine Liste zu erstellen, um endlich diesem Kreislauf zu entfliehen, in dem ich schon wieder stecke:

SITUATIONEN IN DENEN SICH MEIN SELBSTBEWUSST-
SEIN GEZEIGT HAT:

1. Die Tatsache, dass ich mich nicht gebe wie andere und nicht wirklich in eine Schublade stecken lasse; dass ich den Mut besitze, mich anders darzustellen und nicht anpasse. Dazu gehört Mut!

2. Immer, wenn ich jemandem in einer Situation etwas entgegensetzen kann. Etwas Schlagfertiges oder so etwas wie zum Beispiel das «Und wenn?» in der Mathestunde gestern. Oder als ich Herrn Links gesagt habe, dass mir Ken den Platz weggenommen hat, als er Guillotine so bedrängt hat.

3. Überhaupt den Mut zu haben, den Mund aufzumachen und mit jemandem zu reden, weil ich damit wirklich etwas bewegen will.

4. Guillotine...

Ich finde es eigentlich ganz praktisch, Listen zu erstellen. Man wird sich dadurch vieler Dinge bewusst. Aber man muss das für sich selbst machen und nicht so wie heute im Unterricht mit abgeben und vorlesen. Das ist zwar interessant – besonders für die Lehrer und die, die nicht davon betroffen sind – aber für die Person deren Zettel vorgelesen wird, ist es wie ein Eingriff in die Privatsphäre, in die Gedanken. Aber im Grunde bin ich durch meine Offenheit jedoch selbst schuld. Denn warum schreibe ich überhaupt, was ich denke? Warum mache ich mich absichtlich angreifbar? Weil ich mir vielleicht so sehr wünsche, dass das mal jemanden erreicht und ich merke, dass jemand so fühlt wie ich?

An Tagebüchern sind Schlösser, weil das, was drinsteht, die Gedanken von jemandem sind. Und er will nicht, dass man das mitbekommt. Dieses verborgene Wissen reizt jedoch, denn trotzdem will man wissen, was andere wirklich über einen denken. Man würde am liebsten direkt in einen Teil eines anderen Menschen eintreten und die Gedankenvorgänge nachvollziehen können. Aber so leicht geht das nun mal nicht.

Natürlich könnte man auch einfach fragen und auf eine ehrliche Antwort hoffen. Aber bekommt man die dann auch? Wer gibt die einem schon? Wer ist so klar, dass er einem wirklich sagen kann, was er denkt und fühlt? Außerdem macht es Angst, sich zu öffnen. Bloß gibt das niemand gerne zu, denn selber wollen wir für uns bleiben, unsere Gedanken festhalten, und uns nicht angreifbar machen. Dabei bauen wir uns nach und nach eine Festung, in die wir keinen mehr einlassen, manchmal sogar uns selbst nicht.

Das mag zwar alles misstrauisch klingen, aber ich bin ja auch eine Person, die früh erleben musste, was Vertrauen wirklich bedeutet. Meine Mum hat meinem Dad vertraut – er hat ihr Vertrauen «missbraucht» und uns im Stich gelassen. Und das ist wohl auch ein Grund, warum mir Vertrauen sehr schwer fällt.

Besonders an meiner Klasse merke ich, dass viele vorne herum auf gut und schön machen und hintenrum Dinge sagen, die ganz und gar nicht schön sind. Ich halte mich da deshalb lieber ganz raus und gebe mich am besten mit niemandem ab. Nur mit denen, die auch außen stehen oder die gegen Angriffe von Mobbing resistent sind. So wie Marianne zum Beispiel. Wie ich heute festgestellt habe ist sie jemand, der sich von Anfang an wehrt, auch wenn es ihr im Inneren vielleicht sogar schwer fällt und sie verdammt große Probleme mit ihren Aufgaben haben muss. Aber sie tut es. Einmal die Meinung sagen und das so überzeugend, dass man dann seine Ruhe hat. Sie hat sich gegen alle und für die andere Seite entschieden. Sehr wenige wählen diesen Entweder-oder-Weg. Sie schweben lieber einfach so im Raum und wollen sich nicht festlegen. Ich frage mich, ob das Ganze dadurch einfacher oder komplizierter wird. Ab wann muss man sich denn entscheiden? Und muss man das überhaupt? Warum scheint das Ganze so ein Krieg zu sein?

Zugegeben, ich bin es selbst, der sich ausgrenzt, denn ich habe mich auch irgendwie festgelegt. Und zwar, dass ich mit niemandem was zu tun haben will, solange die mit mir auch nichts zu tun haben wollen. Wobei ich glaube, nicht einmal dann würde ich gerne mit jemandem etwas zu tun haben wollen. Kein kluger Zug, aber ich habe nun mal meine Prioritäten geklärt und ich bin in dieser Hinsicht lieber ein Einzelgänger. Lieber bin ich für mich, als mit denen was zu tun zu haben und mir deren Probleme anhören zu müssen, die so weit weg für mich zu sein scheinen. Ich würde mich bei diesen Schülern auch gar nicht wohl und komplett fehl am Platz fühlen. Wie ein Rädchen, das nicht rund läuft. Das «Anderssein» lässt sich auch schwer verbergen. Es begleitet einen wie ein Stempel. Eine Aura. Etwas, das man sofort sieht oder wahrnimmt. Und die meisten wollen das nicht um sich haben.

Ich unterscheide ja mittlerweile zwischen den Schülern, mit denen ich neutral gut klar komme, aber nicht unbedingt auf sie angewiesen bin, und den anderen, mit denen ich offen «Krieg» betreibe – wie zum Beispiel mit Patrick und Co., die mich am liebsten vor allen anderen schlecht machen. Im Übrigen habe ich nicht damit angefangen, was die wahrscheinlich auch behaupten würden. Aber ich bin wirklich nicht die Art von Mensch, die permanent Streit sucht. Ich halte mich lieber raus so gut es geht. Das scheint jedoch als Munition auszureichen.

Allerdings erwarte ich auch nicht, dass mir jemand in die «Hölle» folgt. Die, zu denen ich ein neutrales Verhältnis habe, werden natürlich nicht offen zu mir stehen. Sie werden so bleiben wie sie eben sind: Neutral, auf keiner Seite, keinen Ärger heraufbeschwörend. Aber andererseits werden sie sich eher dem Stärkeren beugen. Frei sind sie deshalb auch nicht. Ich habe das Gefühl, das ist niemand hier...

Ich fühle mich, als würde auf mir persönlich eine Art Fluch liegen. Denn ich war bis jetzt auf jeder Schule das Opfer. Auf der ersten, der zweiten und das ist jetzt meine dritte. Seit meinem ersten Tag an dieser Schule vor zwei Jahren wurde ich genauso fertig gemacht wie auf der letzten, von der ich dank meiner Noten und weil ich nie da war sozusagen «geflogen» bin. Ich wollte einfach nicht mehr hin, ja nicht einmal mehr aufstehen. Denn jeder Satz meiner Mitschüler war wie ein Stich ins Herz. Körperlichen Schmerz, ja sogar Folter, stelle ich mir da angenehmer vor. Und alles, wirklich *alles*, wäre mir lieber gewesen, als dieser seelische Schmerz, der einen zerstört und zermürbt bis zur Substanz. Ich hätte damals zwar auf der Schule bleiben und die Klasse wiederholen können, aber das wollte ich nicht. Nicht auf dieser Schule. Ich hatte das Gefühl, dass mich dort alle auch schnellst möglichst loswerden wollten, die Lehrer wie die Schüler. Und ich muss sagen, ich bin gerne gegangen. Der letzte Tag war wie eine Befreiung. Niemand würde mich vermissen und ich vermisse ebenso niemanden. Es ist, als sei ich nie da gewesen, hätte unsichtbar meine Spuren verteilt und wäre wieder verschwunden. Um dann zu merken, dass es auf der neuen Schule, der Bullet Madness, auch Leute gibt, die mich piesacken, und welche, die Unschuld vorheucheln und all der Mist, vor dem ich damals geflohen bin.

Aber ich kann einfach nicht fliehen. Es ist zwecklos. Dieses Heucheln, dieses Falsche, bleibt auch noch im Erwachsenenalter bei vielen Menschen bestehen. Und da frage ich mich: Müssen wir uns mit denen wirklich so extrem befassen, die wir nicht mögen und ihnen etwas vorspielen, während wir uns innerlich über sie aufregen? Können wir nicht einfach diesen Leuten so gut es geht aus dem Weg gehen und sie ihr Leben leben lassen? Und können sie das nicht auch tun und den Unterschied zwischen Menschen einfach akzeptieren, anstatt anderen das Leben schwer zu machen? Wozu das Ganze? Durch dieses unehrliche Verhalten macht man sich doch genauso Feinde…

So wie mich. Ich scheine für viele aus irgendeinem Grund ein Feindbild zu sein und es kommt mir sehr oft so vor, als wäre ich der einzige Feind aller. Als würde der ganze Hass meiner Schulkameraden auf mir lasten.

Aber das ist nur mein Gefühl, denn das Ganze läuft hintenrum ab. Selten sagt dir jemand ungeschminkt ins Gesicht, dass er dich nicht leiden kann und es besser wäre, wenn du ihm aus dem Weg gehst. So etwas kommt anders rüber. Durch das Zeigen mit dem Finger auf einen, durch bewerfen mit Geldstücken, durch Sachen verstecken, Karikaturen im Internet, durch dumme Kommentare im Hintergrund, Drohungen, durch Aufhetzen mit Gerüchten, demonstrativ einen Bogen um einen machen, durch Auslachen von weitem, durch lächerliche Fragen, die dir gestellt werden, um dich bloßzustellen, durch Rufmord,... das habe ich leider alles schon erlebt. Verbale Beleidigungen erfolgen selten direkt und wenn, dann nur übers Internet oder per Brief, der dir irgendwo zugesteckt wird. Aber keiner dieser Mobber traut sich, dir so etwas ins Gesicht zu sagen! Und schon gar nicht diplomatisch mit dem ernsthaften Ziel, sich in Zukunft besser aus dem Weg zu gehen und in Ruhe zu lassen.

Ich merke jetzt erst, wie schwach *die* eigentlich sind. Doch was heißt eigentlich stark? Und was schwach? Darf nur der als stark bezeichnet werden, der andere runter macht und so höher gelegen dasteht? Oder der, der still alles über sich ergehen lässt? Man müsste einfach mal kontern. Und ich denke, ich habe jetzt etwas erkannt und bin an dem Punkt, an dem ich das auch wirklich machen werde. Ich werde Patrick die Wahrheit, meine Meinung im Wörtlichen aufs Auge drücken, so dass er nachgibt. Oder zumindest meinen Standpunkt kennt. Denn eigentlich bedeutet doch das wahre Stärke und nicht dieses ständige Aushalten. Den Mund aufma-

chen, das ist Selbstbewusstsein pur. Sich wehren können. Lachen tun sie sowieso schon über mich.

Bei nächster Gelegenheit werde ich Guillotine fragen,
was sie davon hält. Nur leider habe ich keinen Plan, was
ich eigentlich sagen will. Und ich weiß auch noch nicht,
wie genau ich Patrick etwas entgegensetzen kann. So etwas kann man irgendwie nicht planen... da muss man
schlagfertig sein. Und das bin ich leider nicht.

Ich blicke Guillotine an, wie sie interessiert das Buch
liest. Auf meinem Bett. Und ich merke, wie schon wieder automatisch ein Lächeln über mein Gesicht huscht.
Ich spüre wieder ein unbekanntes Gefühl. Ein Gefühl,
jemanden beschützen zu können, beschützen zu wollen und über jemanden zu wachen, als gäbe es nichts
Wichtigeres als das Wohlergehen von diesem Jemand.
Und dann will man für diesen Jemand auch stark sein.
Eigentlich paradox, wo ich doch selbst nichts wirklich
auf die Reihe bekomme.

Es ist alles so wirr. ‹Genau wie die Liebe›, denke ich
mir, ohne zu wissen, was das eigentlich ist. Ich kenne das aus Büchern und von Schwärmereien, die zum
Glück nie ans Tageslicht gekommen sind. Aber bei Guillotine ist das irgendwie anders. Das merke ich an der
Art, wie sie mich ansieht und in meiner Nähe verhält.
Die Zuneigung beruht scheinbar auf Gegenseitigkeit.
Oder sieht sie mich etwa doch «nur» als einen guten
Freund? Warum kann ich das nicht glauben? Warum
nehme ich an, dass da etwas ist, obwohl nichts passiert
ist und das Thema natürlich nach der kurzen Zeit noch
nicht aufkam? Und viel wichtiger: Will ich überhaupt

mit ihr zusammen sein? Will ich mich an einen Menschen binden?

Ob Guillotine mich einmal fragen wird, ob wir uns umbringen sollen? Zusammen umbringen sollen? Meine Gedanken schweifen erneut ab. Ins Düstere, Dunkle, Dramatische und ich sehe sie wieder an, was sie wohl schon längst bemerkt hat und nun auch von ihrem Buch aufsieht. Ihr Blick ist nicht verträumt wie sonst, sondern ganz bei mir, als hätte sie die letzten paar Minuten gar nicht mehr gelesen, sondern ebenfalls über irgendetwas nachgedacht.

«Und, schon was geschrieben?», fragt sie mich.

«Nicht wirklich...», antworte ich. Auf meinem Bildschirm setzt wieder der Bildschirmschoner ein und Seifenblasen huschen über mein beinahe leeres Dokument. Sie klappt das Buch zu, richtet sich auf und sieht mich interessiert an.

«Was beschäftigt dich?», fragt sie mit fürsorglicher Stimme.

«Ich will endlich etwas gegen meine Feinde unternehmen...», antworte ich, ohne vorher genauer über diesen Satz nachzudenken. Ich sage das einfach so, als wäre es selbsterklärend. Irgendwie habe ich das Gefühl, sie weiß was ich meine und so kann ich zumindest ihr alles sagen. Sie versetzt sich dann in meine Lage, fragt nach, will verstehen. Sie kann das. Und ich hoffe, sie weiß Rat.

«Also, ich denke, du solltest auf jeden Fall nicht auf deren Niveau herabsinken. Aber arrogant solltest du auch nicht wirken...» Sie runzelt die Stirn, scheint auch ratlos. «...und da stellt sich auch die Frage nach der perfekten Gelegenheit...»

Es entsteht eine Art Pause, in der wir uns nur ansehen. Dann fragt sie mich: «Wie wäre es, wenn wir unseren Selbstmord vortäuschen und zusehen, wie alle anderen in Panik geraten?»

Sie sagt das so sanft, dass man die Brutalität dahinter erst gar nicht bemerkt und ich bin mir daher auch nicht sicher, ob ich mich verhört habe oder ob sie das überhaupt ernst meint.

«Ähm... Wie bitte?», entgegne ich, was vermutlich nicht so lässig klingt wie ich es gerne hätte. Eigentlich falle ich fast aus allen Wolken. Ja, sie muss Witze machen...

«Es ist ganz einfach,», fährt sie fort, «wir gelten momentan so oder so als vermisst. Also müssen wir uns nur ausdenken, wo und wie wir uns umgebracht haben. Aktenfälschung ist für mich kein Problem.»

«Du vergisst da aber etwas. Nur eine winzige Kleinigkeit, die nicht weiter von Bedeutung ist...»

«Und die wäre?»

«Unsere Leichen!»

2

Während der nächsten halben Stunde erklärt mir Guillotine ihren Plan, der beim ersten Hören irgendwie keinerlei Lücken aufweist und so gut durchdacht scheint, dass sogar ich mich davon hinreißen lasse und ihn kurz für möglich halte.

«Und du meinst, dass das wirklich klappt?», frage ich sie dann doch etwas skeptisch. Sie antwortet nicht und lächelt mich einfach nur an. Und so krank mir das Ganze auch erscheinen mag... irgendwie ergibt es doch Sinn, was sie so gesagt hat. Und was haben wir denn schon zu verlieren? Was wartet auf uns, außer vielleicht das normale Leben oder der normale Weg, den man zu gehen hat und den wir irgendwie nicht zu gehen imstande sind?

«Und... bist du bereit?», fragt sie mich nach einer Weile, denn ich habe meinen Blick wieder von ihr abgewendet und betrachte etwas verloren die vielen Seifenblasen meines Bildschirmschoners.

Bin ich bereit? Ich weiß es nicht. Nicht wirklich zumindest. Jetzt geschieht immerhin etwas und ich habe durch Guillotine die Chance, etwas an meinem Leben zu ändern, mit dem ich ja bisher nicht sonderlich zufrieden war. Aber warum weiß ich es nicht? Ich will doch eigentlich etwas ändern? Und von selbst wird das wohl nicht geschehen. Von selbst geschieht einfach nichts, außer dass wir dann morgen wieder in die Schule gehen müssen und eine Verwarnung wegen unentschuldigten Fehlens bekommen werden. Keiner wird jemals wissen, warum. Keiner wird je erfahren, wo wir waren, was uns bewegt, beschäftigt und wie es uns in Wirklichkeit geht. Ich werde wohl doch niemals zu Patrick etwas sagen. Mein Mut hat mich verlassen. Denn zudem werden wir den Ruf der schlechten Schüler bekommen und Patrick wird sich über uns lustig machen. Und mit jedem Tag wird die Last größer werden, als sie ohnehin schon ist... ich spüre das schon seit Jahren... und kann das nicht mehr ertragen. Beim Gedanken daran wird mir schlecht und ich fühle mich unendlich müde. Ich schließe die Augen, bin mir aber sicher, dass Guillotine mich weiterhin beobachtet und geduldig meine Antwort abwartet.

«Okay… ich mache mit. Aber du weißt schon, dass das von sehr viel Vertrauen meinerseits dir gegenüber zeugt?»

Ich öffne die Augen und halte die Luft an. Solche Sätze bringe ich immer schwer oder überhaupt nicht über die Lippen, weil es etwas mit dem in mir zu tun hat. Und das verstehe ich nicht immer. Ich bin mir nie sicher, ob das, was ich fühle, *richtig* ist und ob ich das überhaupt fühlen *darf*. Die Zweifel machen alles bei mir schwerer, als es eigentlich ist oder sein sollte. Und zudem muss ich natürlich alles mit meinem Verstand erklären wollen. Wären Gefühle logisch, so wäre manches einfacher. Leichter. Aber dann wäre es wohl wieder zu einfach und berechnend. Und wo bliebe denn da das Lebendige an uns? Ohne Gefühle, ohne Liebe, Freundschaft und Hass? So gesehen sollte ich endlich aufhören, sie aus meinem Leben auszuschließen und viel mehr davon rein lassen und benennen lernen. Da sind sie auf jeden Fall. Aber sie sind diffus und ich gehe ihnen wohl deshalb aus dem Weg und bleibe unsicher im Umgang mit ihnen. Aber wo soll ich auch anfangen?

«Ja… ich weiß. Es ist viel verlangt. Aber lass es uns versuchen! Oder fällt dir ein anderer Weg ein?», fragt mich Guillotine.

Diesmal überlege ich gar nicht erst. Ich mache mit.

3

Zwar habe ich nach wie vor irgendwie Angst, dass alles umsonst sein könnte, aber jetzt gibt es kein Zurück mehr. Ich habe mich entschieden, mit Guillotine aus meinem jetzigen Leben in ein neues, sogar noch unbekannteres zu gehen. Bei ihr scheint auch alles so möglich. Wie macht sie das nur? Hat sie keine Angst, dass das schief gehen könnte? Was, wenn sie den Mut verliert? Könnte ich das Projekt aufrecht erhalten? Ihr und damit uns den Mut geben weiterzumachen?

Ich traue mich gerade nicht, mit ihr darüber zu sprechen. Mir bleibt aber auch gar nicht die Zeit, näher darüber nachzudenken, denn ich muss jetzt erst mal ganz spontan meine Tasche packen und meine Gedanken sollten um deren Inhalt kreisen. Das Zusammensuchen der wichtigsten Dinge fällt mir in der Hektik überraschend leicht. Normalerweise brauche ich dafür ewig und überdenke alles 100 Mal. Daher habe ich sogar eine allgemein gültige Packliste, wo die Sachen draufstehen, die man z. B. dabei haben sollte, wenn man irgendwo übernachtet. Da linse ich auch jetzt immer wieder mal drauf, komme aber auch gut ohne zurecht. Allerdings muss ich mich auch etwas bremsen, denn wenn zu viel von meinen wichtigen Dingen fehlen, könnte das verdächtig aussehen. Wer braucht schon seinen Laptop, wenn er sich umbringt?

Guillotine liest derweil in dem Buch weiter. Ihr Vater ist schon von der Arbeit nach Hause gekommen, daher kann sie nicht kurz rüber und ihre Sachen holen. Aber scheinbar hat sie alles, was sie braucht. Als hätte sie bemerkt, dass ich während dem Packen immer wieder zu ihr sehe, blickt sie nun auch von dem Buch auf und meint: «Oh Mist... du brauchst ja noch einen Abschiedsbrief! Ich hab meinen schon geschrieben und auch die Vorlagen für unsere Todesanzeigen designt... ansonsten ist alles vorbereitet.»

«Hmm...», meine ich nur. Ich komme mir jetzt doch etwas mulmig vor und setze mich erst mal auf meinen Schreibtischstuhl. Irgendwie fühle ich mich auf einmal so erschöpft. Meine Güte, sie muss das alles wirklich schon gestern geplant haben! Ich blicke wieder auf meine Seifenblasen und sage: «Ich hab mal einen geschrieben...»

«Super. Wie alt ist der?»

«Von Samstag.»

Stille.

«Heute ist Dienstag...», sagt Guillotine und mustert mich. «...vielleicht guckst du nochmal drauf...»

«Dich schockiert das nicht?», frage ich sie und bin selbst schockiert von dieser Gelassenheit zum Thema Suizid.

«Nein. Dich schockiert es ja auch nicht, dass ich unseren gemeinsamen Selbstmord einen Tag nach unserem Kennenlernen geplant habe, oder?»

Sie grinst mich an und auch ich muss lächeln bei dieser teilweise romantischen Vorstellung.

«Naja… schockieren würde ich das nicht nennen… aber ich wundere mich schon ein wenig. Und… ich bewundere deine Motivation und vor allem deinen Mut!»

«Ach was…», winkt sie ab, immer noch mit einem Lächeln auf den Lippen. Dann wird sie wieder ernster.

«Man hat immer die Wahl. Und ich habe beschlossen, jetzt den Weg zu wählen, der vielleicht wirklich was bewegt. Das kennst du doch auch, oder? Man lebt so vor sich hin und her und hat das Gefühl, keinerlei Spuren zu hinterlassen und irgendwie gar nicht richtig zu leben. Man schweigt und beginnt, eine Angst zu entwickeln, irgendwie doch aufzufallen. Zugleich kommt man sich dabei immer sinnloser vor, weil man so absolut nichts bewegt. Ich will das nicht mehr. Das Paradoxe ist ja… ich will leben! Ich will einen Sinn haben und diesen auch wirklich spüren. Und ich nehme an, dass du das auch willst. Deshalb möchte ich das alles auch mit *dir* machen. Mein Plan stand schon lange Zeit bevor wir uns kennen lernten, aber mit dir wird er wirklich umgesetzt und ich habe mit dir nun endlich auch irgendwie den Mut dazu…»

«Ich weiß nicht… was ich sagen soll», stammle ich, weil ich nicht schweigend dasitzen möchte nach so einer tiefen Ansprache. Ich möchte Guillotine irgendwie zeigen, dass es mir doch genau so geht… aber ich möchte es nicht nur so daher sagen, ich möchte es mit Worten beschreiben, so wie sie es kann. Und genau dabei verheddere ich mich in meinen Gedanken.

«Ich bewundere das wirklich!», füge ich rasch hinzu. «Und ich fühle mich so sehr geehrt, dass mir echt die

Worte fehlen. Am liebsten würde ich so vieles sagen, aber...»

«Sag einfach wonach dir ist!», unterbricht mich Guillotine und scheint ganz gespannt darauf, was ich sage.

«Ich habe mir immer gewünscht, jemandem wie dir zu begegnen... und ich bin so froh, dass du nun an meiner Seite bist und wir gemeinsam... leben.»

«Danke...», meint sie nur und sieht mich mit einem Blick an, den ich nur schwer deuten kann. Sie sieht irgendwie zu mir auf, obwohl ich eher das Gefühl habe, voller Bewunderung zu ihr aufzusehen. Wir lächeln. Offiziell sind wir jetzt also tot.

«Es wird Zeit.»

Das Spiel beginnt!

Um hier den Werther-Effekt zu umgehen und weil ich finde, dass es dem Kern der Geschichte keinen Abbruch tut, möchte ich hier nicht ins Detail gehen und den «Scheinsuizid» beschreiben. Für mich reicht es, dass der Leser weiß, dass die zwei noch leben und die Geschichte somit weitergeht!

vier

1

Wir verlassen das Haus und gehen runter zum Spiel-
platz am Waldrand, wo eine kleine Blockhütte uns erst
mal ein gutes Versteck bietet. So sitzen wir uns also
in der kleinen Hütte gegenüber und warten. Guillotine
liest solange es noch hell ist und ich schreibe auf meinem Block das ein oder andere und versuche so, meine
Gedanken zu sortieren. Obwohl der Plan und alles klar
ist, sind sie es ganz und gar nicht.

Ich frage mich z. B., wo wir eigentlich übernachten
sollen. In der Stadt laufen auch schon tagsüber schräge
Gestalten herum, die Selbstgespräche mit ihrer Wein-
flasche führen. Wie es in der Nacht wird, will ich lieber
gar nicht erst wissen. Und was wird wohl geschehen,
wenn Mario hört, dass ich mich umgebracht habe? Ob
er das Ganze glauben wird? Und was werden Patrick
und die anderen denken...

Guillotine klappt lautstark ihr Buch zu und ich schre-
cke aus meinen Gedanken hoch und sehe sie an.

«Lass uns noch einmal alles durchgehen...», beginnt
sie und erklärt mir noch einmal den Plan. Klarer wird
mein Bild jedoch nicht und dass Guillotine meine Zweifel nicht wahrzunehmen scheint, enttäuscht mich irgendwie, obwohl ich mich echt bemühe, das durch meine
Einwände zu verdeutlichen. Doch ihr Enthusiasmus für
den Plan geht nicht zurück und jedes «Aber...» meinerseits umgeht sie geschickt, bis ich damit aufhöre. Wobei
mir aber auch nicht wohl ist.

Und gerade als ich denke, es kommt nichts mehr, sagt sie mit entschlossener, aber dennoch etwas dünner Stimme: «Vertrau mir, Nikos. Hab einfach Spaß am Unsinn, den wir jetzt machen. Wann wirst du wieder so etwas erleben? Du solltest das hier genießen, solange du noch kannst. Ich habe Spaß an der Sache und dem Plan und weiß dennoch, dass wir das alles hier im Grunde nur für einen Moment machen. Und zwar den, in welchem wir in den Todesanzeigen der Tageszeitung stehen. Ich will es wirklich erleben und die Reaktionen der Menschen erfahren. Es gibt nicht viele, die mich kennen... Doch ich will wissen, was passiert,... was sie sagen, wenn es mich nicht mehr gibt. Ich will wissen, ob es sich lohnt zu sterben und ob ich hier wirklich so überflüssig bin, wie ich mich fühle...»

Am liebsten würde ich sie jetzt in den Arm nehmen, denn was sie sagt, erklingt in meinen Ohren wie Musik. Es spiegelt so vieles wider, mit dem ich mich gerade beschäftigt habe. Und nebenbei ist da noch etwas anderes, was das Gesagte so lebendig für mich macht: Ich mag sie. Nicht nur ihre Worte... sondern ihr ganzes Wesen zieht mich in einen Bann. Und ich merke, wie ich auch jetzt wieder ruhiger werde.

«So, es wird nun langsam dunkel. Wird Zeit, dass wir abhauen.» Guillotine lächelt mich an. Voller Vorfreude. Ich lächle zurück. Denn etwas in mir denkt so wie sie und fühlt eine unendliche Verbundenheit... oder bilde ich mir das nur ein? Ich war zwar noch nie richtig verliebt, aber wenn man so was in der Richtung fühlt kommt einem wohl jeder Satz, jede Berührung, einfach alles irgendwie bedeutend und schicksalhaft vor. In normalem Zustand würde ich wahrscheinlich niemals an so etwas Abstraktes wie Seelenverwandtschaft glauben. Jetzt irgendwie schon. Es ist komisch. Ich weiß irgendwie immer noch nicht genau, was sie vorhat, obwohl sie den Plan so oft erklärt hat. Aber ich frage nicht mehr nach. Ich vertraue und folge ihr, wohin sie auch gehen mag. Ich folge ihr einfach. Bis in den Tod, wie man so schön sagt.

2

Guillotine und ich laufen schweigend am Waldrand entlang. Die Sonne geht bereits unter und nach und nach wird es dunkel. Doch davor erscheint der Himmel noch in knalligen Farben: Vermischt mit Orange und Pink, langsam ins Lila übergehend und am Ende das dunkelste Blau, welches einem beinahe wie ein Schwarz erscheint. Es sind fast keine Sterne zu sehen. Nur der Mond, der mystisch und voll den Weg beleuchtet.

Plötzlich bleibt Guillotine stehen. Ich bleibe auch stehen, sehe sie verdutzt an und frage: «Was ist?»

Sie sieht mich ebenfalls aus dem halbdunkel beinahe mystisch an und antwortet: «Ich hab Hunger.»

Wenige Zeit später sitzen wir auf einer Bank vor einer Würstchenbude, die jeden Dienstag dort steht. In dieser Nacht sind irgendwie ziemlich viele Menschen unterwegs. Für mich sind das irgendwie viel zu viele. Wanderer betrinken sich zum Abschluss ihres Weges.

Touristen rennen begeistert durch die Gegend. Pärchen laufen spazierend herum. Ich frage mich, ob es gut ist, sich wirklich so unter die Leute zu mischen, wenn man tot ist. Ob wir uns nicht besser verstecken sollten? Und irgendwie ist die Frage nach einer Übernachtungsmöglichkeit noch nicht geklärt...

Und da sehe ich sie. Auf einmal. Ganz unerwartet. Marianne! Ich stupse Guillotine an und deute in die Richtung. Zu spät, denn sie hat uns bereits entdeckt und kommt auf uns zu.

«Hey, ihr lebt ja auch noch!», begrüßt sie uns. Ich will gerade ein kleinlautes «Ja» von mir geben, da meint Guillotine in ernstem Tonfall: «Nein... eigentlich sind wir tot.»

Marianne setzt sich neben uns und lacht, weil sie das wohl als Witz verstanden hat. Doch als sie bemerkt, wie Guillotine und ich gegenseitig todernste Blicke austauschen, hört sie auf.

«Ja... wie jetzt?»

«Wir haben uns umgebracht», meint Guillotine und beginnt daraufhin ihr kurzerhand von unserem, ja eigentlich eher ihrem Plan zu erzählen. Marianne hört ihr aufmerksam zu und ihre Miene verwandelt sich von anfänglicher Skepsis in sichtliches Staunen. Ich habe kurz die Befürchtung, dass sie uns verraten wird und verfluche Guillotine daher etwas für ihre offene Ehrlichkeit, aber Fehlanzeige. Marianne scheint uns nicht in den Rücken zu fallen.

Sie fragt nur: «Und wo pennt ihr dann?»

«Das wissen wir noch nicht...», entgegnet Guillotine.

«Wollt ihr zu mir? Meine Eltern sind die Woche weg. Nur meine Schwester ist da... ich werde ihr das alles irgendwie erklären, damit sie weiß, wie wichtig das für euch ist... wenn das okay ist?»

Guillotine sieht mich an. Also liegt es jetzt an mir. Ich meine nur «okay», weil es irgendwie blöd wäre jetzt zu verneinen. Damit ist dann die Sache beschlossen und wir machen uns auf den Weg zu einem neuen Zwischenziel.

3

Marianne wohnt ganz in unserer Nähe und sogar direkt am Waldrand. Da unser Plan es so vorgesehen hat, dass wir uns im Wald umgebracht haben, scheint die ganze Zeit das Blaulicht in das Wohnzimmer und auch das Martinshorn nähert sich, bis es verstummt.

Einerseits denke ich mir, dass das alles nun doch etwas schnell geht, andererseits haben wir es ja auch so eingefädelt, dass man uns nicht erst Tage später beginnt zu suchen.

Wir vier – Marianne, Guillotine, die Schwester Regina und ich – sitzen derweil um einen runden Tisch und schweigen. Marianne hat ihre Schwester aufgeklärt. Sie ist um die zwanzig, sagt nichts dazu. Es scheint ihr egal zu sein oder das ist einfach ihre Mentalität. Ich frage mich, ob es etwas gibt, das sie überhaupt begeistert. Sie trinkt eigentlich nur aus ihrem Bierglas und sieht dabei irgendwie älter aus als 20. So gezeichnet von irgendetwas. Ihre dunkelblonden faden Haare, die sie wohl lieblos, aber irgendwie auch lässig hoch gesteckt hat, sehen sehr strapaziert aus. Ebenso ihr Gesichtsausdruck wirkt gestresst, beinahe gehetzt. Als sich zufällig unsere Blicke begegnen, blicken wir beide rasch weg. Ich habe sie wohl schon wieder zu lange angesehen, was mich beschäftigt.

«Tja... also...», unterbricht Marianne die Stille und lächelt nervös. Dann erblickt sie die Fernbedienung und meint: «Mal sehen, was die Medien so berichten...»

Pünktlich zur vollen Stunde erscheinen tatsächlich die Nachrichten von heute: Satellit im All explodiert; Millionen-Kaufhaus endlich eröffnet; lesen ist out; Sängerin tot im Hotelzimmer aufgefunden; Kinderschändung und Mord... Dann erscheint auf einmal unsere Direktorin mit einem Reporter: «Ja... bedrückende Ereignisse haben diese Kleinstadt heimgesucht. Die beiden Schüler Nikos Unterlinden und... ähm... Guillotine Demiller sind heute Nachmittag spurlos verschwunden und übrig geblieben ist nichts außer der Frage nach dem Warum. Da sie zuletzt im nahe gelegenen Wald am Stadtrand gesehen und dort auch die beiden Schultaschen gefunden wurden, wird dort aktuell noch nach den Leichen gefahndet, da nicht davon auszugehen ist, dass die beiden noch leben. Zu Gast haben wir nun bei uns die Schuldirektorin Isabella Grinz. Frau Grinz, das ist natürlich ein Schock für die Bullet Madness High School... stimmt es, dass sich die beiden Schüler Nikos Unterlinden und Guillotine Demiller nicht vom Mittagsunterricht abgemeldet haben?»

Wenn man Frau Grinz etwas kennt, bemerkt man sofort, dass sie versucht, alles zu vertuschen und im Fernsehen so gelassen wie möglich zu wirken. Doch im Endeffekt gelingt ihr das gar nicht und sie wirkt nervös.

«Nein, nein. Die beiden haben sich mit Magenschmerzen bei mir abgemeldet. Ich habe sie sogar noch gefragt, ob sie sicher nach Hause kommen. Sie meinten ja, denn sie seien ja zu zweit. Ich habe mir nicht gedacht, dass sie... sie...»

«Sich umbringen!», fällt ihr ein Mann aus dem Hintergrund ins Wort und das Bild wird schwarz. Sekundenlang starren wir auf den Fernseher, der aussieht, als wäre er aus, bis live aus dem Studio eine Nachrichtensprecherin erscheint und so gelassen wie möglich meint: «Ja... und nun weiter mit dem Wetter...»

«So läuft heutzutage also dramatische Untermalung in den Nachrichten ab?», frage ich, aber keiner antwortet mir. Marianne sieht nur Guillotine und mich an und meint: «Moment mal...»

Ihr fehlen kurz die Worte, doch ehe sie weiter sprechen kann, bringt es Guillotine auf den Punkt. Sie steht auf und meint entrüstet: «Selbstmord wird mal wieder vertuscht... das gibt's doch nicht! Wenn sich so eine Berühmtheit ihr ganzes Leben mit Drogen vollpumpt und dann auf einmal eine Überdosis nimmt... das wird dann gesagt. Aber wir?!»

«So beruhige dich doch, Guillotine», meint Marianne und fährt rasch fort, bevor sie wieder unterbrochen wird: «Mich beschäftigt da noch etwas anderes... und zwar hat die Lehrerin für Hauswirtschaft Frau Ketchup uns gesagt, dass ihr beide nachsitzen müsst, weil absolut nichts in ihrem Fach liegt und ihr einfach abgehauen seid. Warum sagt jetzt Frau Grinz, dass...»

«Damit die Schuld natürlich nicht auf der Schule lastet!», unterbreche ich sie etwas lauter als ich es eigentlich wollte und sie sieht mich erstaunt an, weil ich mir das erste Mal auf diese Weise Gehör verschaffe.

«Na denk doch mal nach! Zu dem Zeitpunkt, in dem wir in der Schule sind, sind wir versichert, weil der betreffende Fachlehrer gleichzeitig auch unser Aufpasser ist. Hauen wir ab, so hat die Schule ein Problem... oder?», erkläre ich ihr.

«Stimmt...», erwidert Marianne.

Stille.

«Und was macht ihr jetzt?!», fragt uns Regina, die sich das nächste Bier aufmacht.

«Jetzt warten wir natürlich ab», meint Guillotine.

4

Den Abend verbringt Guillotine an Mariannes Laptop mit Recherche und der weiteren Planung. Ich spiele derweil einige Spiele mit Regina. Marianne ist in der Küche und kocht für uns. Regina macht ihr drittes oder viertes Bier auf, trinkt nun auch direkt aus der Flasche und zockt mich in fünf verschiedenen Spielen hintereinander ab. Shut the box, Rommé, Black Jack, Scrabble und Backgammon. Ich wundere mich, wie sie das hinbekommt. Sie meint nur: «Dafür hasst mich wiederum die Liebe meines Lebens. Schluchz. Heul. Ich bring mich auch um! Aber vorher trink ich noch 'n Bier...»

Ich muss leider lachen. Sie ist wie eine gute Schauspielerin und untermalt das Ganze dramaturgisch. Aber sie lenkt damit auch von allem Ernsten ab. Denn im Grunde meint sie wirklich, was sie sagt, stellt es aber so sehr übertrieben dar, dass man es auch als Humor auslegen könnte. Dadurch lässt sie das meiste gar nicht erst tiefer an sich ran und man kann sie in einem Gespräch auch nicht darauf ansprechen, also gar nicht greifen. Mir ist diese Taktik bereits nach der kurzen Zeit mit ihr aufgefallen und ich glaube, dass auch sie im Inneren nicht wirklich glücklich oder gar zufrieden mit sich und ihrem Leben ist. Sie versteckt sich nur hinter Sarkasmus und ihrem Bier.

Ab und zu sehe ich rüber zu Guillotine, die konzentriert am Schreiben ist. Ich verliere mich mal wieder in ihrem Anblick bis Marianne aus der Küche ruft: «Essen ist fertig!»

Es gibt selbst gemachte Pizzen. Während wir essen läuft nebenher der Fernseher, damit wir das Neuste aus den Nachrichten nicht verpassen. Regina ist mittlerweile auf Weinschorle umgestiegen. Bei ihrer fünften 0,5-er Flasche Bier habe ich auch irgendwie aufgehört zu zählen. Ich frage mich, wie oft sie trinkt und ob sie vielleicht ein Problem hat. Natürlich kann ich das nicht wissen, aber irgendwie ist das sehr offensichtlich.

«Wer weiß 'n noch alles von dem Plan?», fragt uns Regina, die auch so gut wie nichts isst.

«Niemand... Also nur ihr beide. Den haben wir auch vor...», Guillotine blickt auf die Küchenuhr, «vier oder fünf Stunden erst so richtig geplant.»

«Mir kommt es so vor, als säßest du da schon seit gestern dran...», rutscht es mir raus. Doch Guillotine meint nur lächelnd: «Ja, *ich*. Aber *wir* nicht!»

Darauf antwortet Regina nichts mehr, füllt sich nur Wein und einen Schluck Wasser nach. Marianne ist diese Situation unangenehm, doch sie versucht, sich nichts anmerken zu lassen. Als sie meinen Blick bemerkt meint sie: «Regina hat morgen frei. Und das nutzt sie aus.»

Schweigen.

5

Die Nacht verläuft bis jetzt – wie soll man es sagen – gut oder schlecht? Ich selbst würde behaupten, dass diese Nacht nicht unbedingt eine meiner schönsten ist. Guillotine liegt im Gästebett im Gästezimmer, ich auf dem ausgeklappten Sofa. Im selben Zimmer. Und... irgendwie sehne ich mich nach etwas. Nach etwas, das ich noch nie hatte. Da ich dieses Gefühl aber absolut nicht deuten kann, versuche ich an andere Dinge zu denken. Ich drehe mich nach rechts, versuche mich zu fragen, wie es Mario geht. Meiner Mum. Vermutlich wird mein Vater nie erfahren, dass ich tot bin. Oder auch nicht tot bin. Guillotine will mir morgen beim Frühstück eine Ergänzung zum Plan erzählen. Der Plan unserer Auferstehung.

Und die Minuten vergehen, doch ich kann einfach nicht einschlafen. Mich plagen der nächste Morgen und was übermorgen sein wird. Die Zukunft. Allein der Gedanke daran. Wie soll ich leben, wenn ich eigentlich tot bin? Habe ich das richtige getan? Wäre es nicht besser alles beim alten zu belassen und in scheinbar sicherem Unwohlsein irgendwie weiter zu leben und zu hoffen, dass das alles irgendwann irgendwie endet?

Ich drehe mich erneut nach links und zucke zusammen, denn Guillotine liegt auf einmal neben mir und sieht mich mit großen Augen an. Das sehe ich zwar nur schemenhaft durch die Dunkelheit im Zimmer, aber ich kann es deutlich spüren, wie ihre Augen sich in meinen verlieren. Ich halte die Luft an und versuche ganz leise zu atmen und habe das Gefühl mein Herz bleibt gerade stehen.

«Kannst du nicht schlafen?», fragt sie mich mit zärtlicher Stimme. Oder kommt mir das nur so vor?!

«Ja… ähm nein…», fange ich atemlos eine Erklärung an. Sie schließt einfach nur die Augen. Ich sehe sie immer noch an, versuche immer noch möglichst leise zu atmen. Will still sein. Und da passiert es. Sie öffnet sie wieder und kommt mir ganz nah. Zu nah. Sie blickt in die meinen, küsst kurz meine Lippen, lächelt und legt sich dicht an mich heran. Umarmt mich. Ich versuche von oben auf diese Szenerie hinab zu sehen. Sehe mich auf einem fremden ausgeklappten Sofa liegen, ein Mädchen im Arm… und mir ist, als würde mir schwarz vor Augen werden, weil ich keine Luft mehr bekomme. Aber es ist irgendwie auch angenehm, kaum zu beschreiben. Langsam beruhigt sich meine Atmung durch den Kopf, der sich an mich lehnt und sehr ruhig atmet. Die Welt steht still und ich denke doch tatsächlich so etwas Abstraktes wie: Nein, das ist nicht nur *irgendein* Mädchen. Sie ist *das eine* Mädchen.

6

Aus weiter Ferne spüre ich, wie mich irgendetwas im Gesicht berührt. Langsam öffne ich meine Augen und blicke auf Guillotine, die seitlich neben mir liegt, ihren Kopf auf der Hand abstützt und mich tatsächlich mit ihren langen fast weißen Haaren kitzelt.

«Na, schon wach?»

Ich blicke im Zimmer umher auf der Suche nach einer Uhr, da ich meine irgendwie verlegt habe. Als ich an der Wand eine finde und die Zeit entziffert habe, bin ich schlagartig hellwach.

«Waaaas? Wir haben ja schon halb zwölf!?»

«Ja, also hopp, zieh dich an. Wir müssen in die Schule!», meint Guillotine und steht schlagartig motiviert und so voller Tatendrang auf.

Ich falle zurück ins Kissen, blicke nach oben an die Decke und entgegne nüchtern: «Wir sind tot...»

«Stimmt. Ich hab heute morgen die Zeitung gelesen. Die haben unsere Todesanzeigen... wie soll ich sagen? Zensiert! Komplett umgeschrieben! Immerhin haben sie das Layout so gelassen... und die gleich reingestellt...»

«Oh.»

«Das bedeutet, wir werden ein bisschen böse werden müssen...»

«Willst du jetzt etwa Amok laufen?»

«Ja... mit Worten. Also komm, steh auf. Wir zeigen's diesem System!»

«System?»

«Ja, wir werden mit nackten Tatsachen um uns schie-
ßen! Diese Munition wird denen hoffentlich viel mehr
wehtun als der Tod.»

Guillotine wirkt im Vergleich zu gestern regelrecht
manisch, noch motivierter und wie ausgewechselt. Sie
brennt quasi für das, was sie tut bzw. was wir gerade
tun. Aber was tun wir eigentlich? Ich bin noch zu müde,
um klare Gedanken zu fassen und sie lächelt mich einfach nur an und verlässt dann in wippendem Gang das
Zimmer – bereits komplett angezogen und geschminkt
wie mir gerade auffällt. Wie lange sie wohl schon so fit
umherspringt? Ich bekomme irgendwie ein schlechtes
Gewissen und ziehe mich auch rasch an; die Klamotten von gestern eben. Wie wir das in Zukunft machen?
Wir werden irgendwann auch etwas anderes brauchen.
Und haben nicht mal Geld. Tot sein ist teuer... aber
immerhin kann man sich die Beerdigung sparen ohne
Leichen. Oder wird es doch ganz anders werden? Guillotine hat mir scheinbar alle Details des Plans verraten, aber macht dennoch einfach so ihre Andeutungen,
als gäbe es hinter dem Plan noch einen Plan... erwartet sie, dass ich das verstehe und mitkomme? Vielleicht
frage ich einfach mal direkt, was sie vorhat... ich bin
nämlich gerade wieder so unsicher, was den weiteren
Verlauf angeht...

7

Ich verlasse das Zimmer und mache mich auf den Weg
durch den wirren Gang in Mariannes Haus. Mir ist ges-

tern gar nicht aufgefallen, wie viele Zimmer es gibt. Und demnach auch Türen, die fast alle geschlossen sind. Als ich endlich an einer geöffneten vorbeikomme, erkenne ich das Wohnzimmer wieder und bleibe davor stehen. Dort sitzt nämlich Regina im Bademantel mit einem Bier in der Hand vor dem Fernseher. Als sie mich erblickt erschrickt sie und stellt die Flasche nervös auf den Tisch. Ich betrete den Raum und setze mich neben sie.

«Guten Morgen», begrüße ich sie.

«Morgen...», entgegnet sie verschüchtert mit kratziger Stimme.

«Du trinkst Tee?», frage ich sie.

«Nein...»

«Was dann?»

«Also... ich... ähm... also weißt du...»

Ich mache ihr ein Zeichen, dass sie sich nicht weiter zu bemühen braucht. Sie hört auf, blickt mich neugierig an. Und ich mache etwas, was ich sonst nie mache. Ich nehme die Hand dieser mir eigentlich fremden Frau und meine: «Das Verlieren im Spiel hat mir letzte Nacht zwar Glück gebracht. Aber ich finde, du solltest dein Liebesglück dennoch selbst in die Hand nehmen. Du schaffst das!»

«Aber er liebt mich einfach nicht... und macht Andeutungen. Wie ich... ach... ich verstehe es einfach nicht mehr!»

Dann fällt sie mir in die Arme und fängt an zu weinen. Eine Alkoholfahne weht mir ins Gesicht und ich bemitleide es eher als mich zu ekeln.

Guillotine betritt das Zimmer mit zwei vollen Corn-flakesschüsseln, einer Milchtüte und zwei Löffeln. Sie sieht uns beide an und meint zu Regina: «Kommst du mal, ich will dir was zeigen!»

Die beiden Mädchen verlassen das Zimmer. Ich schalte den Ton vom Fernseher an, sehe und höre, wie weit die Entwicklung in unserem weiterhin unausgesprochenen Selbstmordfall ist. Der Mann, der gestern für die Unterbrechung gesorgt hat, scheint wohl ein Reporter zu sein. Er ist zumindest alleine im Studio.

«... Zensur! Ich halte dieses Verhalten für unmöglich! Da bringen sich Leute – Schüler! – um, aus welchen Gründen auch immer, und das Fernsehen hält es für unnötig das zu erwähnen. Ich plädiere für mehr Aufklärung! Warum haben sich diese Schüler umgebracht? Wir decken auf! In SuicideTV24 heute Abend um 22:45.»

«Boah nee, die schlagen jetzt aus eurem Freitod auch noch Profit!?»

Regina und Guillotine betreten wieder das Zimmer. Diesmal ist Regina angezogen. Sie hat ein Kleid an. Als ich überrascht die Augenbrauen hochziehe, blickt sie an sich runter und meint lächelnd: «Mein Abschlussfeier-Kleid...»

«Und was hast du damit vor?», frage ich sie.

«Joe besuchen!», meint sie freudestrahlend. Guillotine lächelt, nimmt sie an der Hand und meint: «Komm, ich mache dir die Haare schön, damit die morgen im Bett auch noch halbwegs sitzen!»

Beim Hinausgehen zwinkert sie mir zu und meint: «Iss schon mal... das dauert noch ein bisschen.»

«Okay», meine ich, leere mir die Milch in die Schüssel und fange an zu essen, während ich mir weiterhin den Mist im Fernsehen ansehe, um «informiert» zu sein. Nach einer Weile bemerke ich, dass Marianne im Türrahmen lehnt und kopfschüttelnd auf den Fernseher blickt.

«Weißt du», meint sie dann in sehr ernstem Ton «das ist nicht nur Profitgier, das ist einfach nur verantwortungslos von den Medien...»

«Wie meinst du das?», frage ich sie. Sie stellt mir einfach nur eine Gegenfrage: «Hast du schon mal was vom Werther-Effekt gehört?» Ich denke nach und in meinem Kopf klingelt etwas, aber ich weiß nicht was.

«Bestimmt», sagt sie, kommt auf mich zu und schaltet den Fernseher ganz aus. Dann zieht sie einen Hocker heran und setzt sich mir gegenüber.

«Der Begriff geht zurück auf den Briefroman ‹die Leiden des jungen Werther›, ein sehr frühes Werk Goethes. Kurz zusammengefasst geht es darin um den Werther, der sich unsterblich in Lotte verliebt, die jedoch verlobt ist und diesen Mann auch heiratet. Goethe beschreibt die Leiden so ergreifend und einfühlend... .und am Schluss begeht Werther Selbstmord. Nach der Veröffentlichung kam es zu einer Vielzahl von Suiziden, weshalb man heutzutage vom Werther-Effekt spricht, wenn Suizid in den Medien tiefgreifender thematisiert wird. Das führt nämlich nachweislich zu einem Anstieg der Suizidrate. Aber ich befürchte, dass wie immer die Dunkelziffer höher und der Zusammenhang sehr schwer zu erkennen ist. Trotzdem: Suizid ist und bleibt ein heikles Thema und daher sollte man mit Bedacht damit umgehen, aber es auch nicht totschweigen. Aber wie? Das weiß ich nicht... aus dem Leben zu treten ist so ein enorm großer Schritt... ich weiß nicht, ob ich dem mit Respekt begegnen soll oder mit Mitleid, weil der Mensch wirklich keinen anderen Ausweg sehen konnte. In seiner Welt, seiner Wirklichkeit gab es zu wenig im Leben, das ihn gehalten hat... oder nein... das kann man so nicht sagen... er konnte eben diese vielen Dinge nicht mehr sehen. Er hat dafür die mies verlaufenden Dinge umso klarer gesehen, welche Wurzeln geschlagen und sich durch jede einzelne schöne Sache gebohrt haben, die er erlebt hat und die ebenso wirklich waren bis...»

Sie bricht ab. Ich sehe Tränen in ihren Augen, doch sie blickt rasch zur Seite, steht auf und verlässt wieder das Zimmer. Ich habe aufgehört zu essen. Mein Löffel ist gefüllt, doch ich lasse ihn wie aus einer Trance erwacht wieder in die Schüssel sinken und stelle diese auf den Tisch. Diese Ansprache von Marianne zu hören, irritiert mich gerade zutiefst. Ich hätte niemals erwartet, dass sie so tief in dieser Thematik drinsteckt und ich frage mich gerade, ob sie nicht sogar tiefer drinsteckt als ich... aber wo ist der Zusammenhang? Woher kommt der Bezug zum Thema Suizid?

Minutenlang sitze ich einfach nur da und starre den Fernseher an, dessen Bildschirm schwarz ist. Das sollte man öfters mal machen: Einfach dasitzen und sich nicht berieseln lassen. Selber denken.

Doch nach einer Weile wird es mir auch unangenehm und ich schwanke zwischen aufstehen und Schreibzeug holen und sitzen bleiben und einfach... nichts tun. Mich der Melancholie und meinen Überlegungen hingeben. Und ich entscheide mich dafür, einfach nichts zu tun. Alles erscheint mir gerade auch so träge und obwohl ich so viele Stunden geschlafen habe, fühle ich mich unendlich müde. Ich frage mich, was Mario wohl macht und bekomme ein schlechtes Gewissen, weil ich erst jetzt wieder an ihn denke. Ob er wirklich glaubt, dass ich tot bin? Natürlich. Er wird am Boden zerstört sein... wie meine Mum. Aber da kann ich jetzt auch nichts machen... oder doch? Ich kann mich nicht mehr melden, da ich mein Handy nicht mit in den Tod genommen und seine Nummer auch nicht im Kopf habe. Und wenn ich mich auf Facebook oder woanders von einem Rechner einlogge, sehen ja alle, dass ich online war. Eigentlich möchte ich nur Mario und meiner Mum irgendwie Bescheid geben. Der Rest steht mir nicht so nahe bzw. existiert einfach nicht.

Unruhig vom Nichtstun stehe ich letztendlich doch auf und stürme voller Tatendrang aus dem Zimmer, um irgendeinen Weg zu finden, mich den Menschen mitzuteilen, die mir tatsächlich auch noch wichtig sind. Doch dann stoße ich mit einer Frau zusammen, die ich erst auf den zweiten Blick wiedererkenne.

«Oh sorry... Regina?!», rufe ich und halte sie fest, damit sie nicht umkippt. Erst jetzt merke ich, dass sie auf einmal viel größer ist und auf High Heels steht. Wenn sie niemand anrempelt, scheint sie darin auch gut laufen zu können. Von ihren Schuhen blicke ich wieder aufwärts in ihr Gesicht, das jetzt ganz anders aussieht als gestern Abend und heute morgen. Es sieht so gelassen und entspannt aus. Guillotine hat aus ihren faden Haaren eine Frisur gezaubert, ihre Augen und Lippen etwas betont und sie mit dezentem Schmuck ausgestattet. Sie steht daneben und wirkt zufrieden mit ihrer Arbeit.

«Du, ich fahr Regina mal schnell zu Joe nach Hause.» Ich nicke immer noch benommen von der Erscheinung, die Regina jetzt darstellt. Erst als die Tür ins schloss fällt, wundere ich mich, warum Guillotine eigentlich Auto fahren kann.

Als ich jetzt wieder alleine im Gang stehe, hat mich der Tatendrang auch wieder verlassen und ich gehe zurück ins Wohnzimmer und setze mich. Irgendwo im Haus schlägt eine Uhr einmal, d. h. es muss 13 Uhr sein. Eine Weile starre ich wieder auf den Fernseher, da fällt mir Marianne wieder ein und dass ich sie seit ihrer Ansprache nicht mehr gesehen habe.

Für mich habe ich irgendwie beschlossen, mich mehr um meine Mitmenschen zu kümmern und werde sie daher suchen. Also stehe ich wieder auf und halte dann doch inne, denn mir fällt auf einmal wieder ein, wie groß das Haus ist und dass ich sie bestimmt nicht finden werde. Am liebsten würde ich mich jetzt noch mal setzen, aber irgendwie geht das auch nicht. Ich komme mir wie gelähmt vor, wie ich da stehe und werde unruhig, laufe umher. Letztendlich beginne ich mir einzureden, dass ich ja die Toilette suchen könnte.

Als ich das Wohnzimmer verlasse, fühle ich mich auf der Stelle verloren zwischen all den verschlossenen Türen. Ich laufe leise den Gang entlang in die Richtung, in der ich Marianne vermute und lausche, ob ich aus irgendeinem Zimmer ein Geräusch höre. Es bleibt jedoch still und ich fühle mich so extrem verloren. Das bin ich zwar immer irgendwie, aber jetzt passt irgendwie das Bild außen auch zu meinem Innen.

Spontan beschließe ich jedoch, zur Abwechslung mal etwas dagegen zu tun und rufe nach Marianne. Keine Antwort. Also ergänze ich: «Ich hab mich verlaufen!» Eine Tür öffnet sich und Marianne blickt heraus. Es scheint das Bad zu sein und ich frage sie, ob alles in Ordnung sei.

«Ja... », meint sie nur, blickt mich an.

«Ach... komm rein.»

Ich betrete das Bad, das keine Toilette hat und setze mich auf den Badewannenrand. Sie schminkt sich unbeirrt weiter und schweigt. Alles an ihr strahlt zwar aus ‹Sprich nicht. Sprich mich nicht an. Nicht darauf... bitte...›, aber ich muss es einfach wissen...:

«Wo liegt dein Bezug zum Suizid?»

Sie sieht mich erst im Spiegel an, dreht sich dann rasch um und fragt: «Was? Welcher Bezug?»

«Na deine Ansprache vorhin... so kann nur jemand reden, der sich damit auseinandergesetzt hat...»

Marianne lächelt nur. Es ist kein typisches Lächeln, wie ich es von ihr kenne. Es ist ein trauriges.

«Ach Nikos... es gibt so vieles in den Menschen, was man ihnen von außen nicht ansieht. Aber ich denke, das weißt du am ehesten, auch wenn du dein Inneres im Vergleich zu anderen sehr nach außen trägst. Dir ist es vielleicht nicht so sehr bewusst, aber man sieht es dir an. Da die meisten Menschen jedoch feige sind, weil sie damit nicht umgehen können und es ihnen im Grunde Angst macht, wenn du sie so ansiehst, so wie du mir jetzt in die Augen siehst, reagieren sie auf die unterschiedlichsten Arten. Patrick zum Beispiel mit Demütigung und vermeintlichem Humor, viele reagieren aber einfach nur mit Ignoranz und Wegsehen. Bei mir war das lange Zeit genau so. Erst vor kurzem habe ich jedoch realisiert, wie sehr ich dich eigentlich im Stich gelassen habe. Da ich mich erst jetzt anders verhalte, überrascht es dich natürlich, dass ich mich mit Suizid auseinandergesetzt habe. Ich selbst habe zwar noch nicht wirklich darüber nachgedacht, aber schon zu viele Menschen verloren, die mir nahe gestanden sind und denen ich nicht helfen konnte, weil ich es eben nicht habe kommen sehen... oder es nicht sehen wollte... heruntergespielt habe.»

Sie dreht sich erneut zum Spiegel und ich weiß mal wieder gar nicht so recht, was ich sagen soll. Diesmal fehlt mir nicht nur der Mut, sondern komplett alles an Worten. Mein Kopf ist einfach leer.

8

Wir schweigen bis wir das Bad verlassen. Dann meint Marianne: «So, ich zeig dir jetzt mal das Haus, damit du dich nicht wieder verläufst!» Sie lacht kurz, aber ich weiß, wie sie es meint und wir fangen vorne bei der Eingangstür an, hangeln uns von Zimmer zu Zimmer und überrascht stelle ich fest, dass es ja noch einen zweiten parallelen Gang gibt und sogar einen zweiten Stock, den wir aber nicht betreten. Auf meine Frage, was da oben sei, meint sie nur, dass da schon lange niemand mehr war und das Stockwerk bis auf ein Zimmer leer sei. Ich ahne, dass das etwas mit Mariannes Geschichte zu tun hat und frage daher nicht weiter nach. Nicht jetzt, wo es ihr wieder besser zu gehen scheint.

Da ich nun weiß, wo die Gästetoilette ist, betrete ich sie und stelle fest, dass mein komplettes Bad zu Hause nicht wesentlich größer ist. Ich dachte eigentlich, dass mein Haus schon Luxus ist, da ich ja schon in viel Mistwohnungen wohnen musste, aber hier duftet sogar das fünflagige Toilettenpapier. Ich hätte niemals gedacht, dass Marianne so lebt. Aber Gedanken habe ich mir ja auch noch nie darüber gemacht, da ich erst seit dieser Woche mit ihr zu tun habe.

Es scheint so unglaublich, aber Sonntagabend war mein Leben oder das, was ich für mein Leben hielt, noch ein komplett anderes gewesen. Bis ich den Müll rausgebracht habe. Ich lächle mich im Spiegel an und wiederhole den Satz in Gedanken. Irgendwie steckt hinter diesem Satz mehr Aussage, als man vermutet. Ich bringe den Müll raus. Entrümple quasi mein Leben. Fange neu an.

«Du wohnst echt in einer Art Villa, oder?», stelle ich mehr fest, als ich frage und setze mich neben Marianne an die Theke in der Küche. Ein Kaffee steht vor mir und als ich mich umblicke nach einer Kaffeemaschine, entdecke ich eine ähnliche wie meine, nur etwas größer.

«Ja... so kann man es sagen...», entgegnet sie irgendwie traurig. Bevor ich sie darauf jedoch ansprechen kann, da mich das nun doch sehr interessiert, klingelt es auch schon an der Tür. Kurz bekomme ich Panik, weil ich ja eigentlich nicht da bin, aber es ist zum Glück nur Guillotine, die mich abholt.

9

So sitzen wir also wenig später in Reginas Auto, einem lila lackierten alten Fiat Punto, und fahren in die Schule. Guillotine fährt und ich sitze einfach daneben.

«Wie geht's ihr?», beginne ich das Gespräch.

«Sie ist drüber... hoffe ich mal.»

«Okay.»

«Jetzt liegt es ganz allein bei ihr, ob sie es wagt, die entscheidenden Worte auszusprechen. Die Worte, welche die zwei zu einem Paar machen könnten. Ich denke, es würde ihr gut tun, denn dann muss er ja reagieren und mal eine klare Ansage machen. Regina will einfach Teil seines Lebens sein. Auch wenn es nur ein Minimum wäre. Sie möchte zumindest, dass es anfängt... Bis jetzt war da zwar was zwischen den beiden, aber nichts Ausgesprochenes... bis jetzt hat sie aber auch noch nicht wirklich gesagt oder gezeigt, dass sie ihn mag.»

Dazu weiß ich nichts wirklich zu sagen, bin in Gedanken aber auch eigentlich gar nicht bei Regina, sondern bei Mariannes Worten über Werther und die Art, wie sie die letzten zwei Stunden zu mir war.

«Alles klar bei dir?», fragt mich Guillotine in die Stille hinein, die wohl sehr drückend war und von mir ausging, da ich nichts mehr gesagt habe. Sie linst kurz zu mir herüber und scheint besorgt. Ich antworte ihr:

«Mmh... nee... nicht wirklich. Fragst du dich nicht auch, warum Marianne uns eigentlich hilft?»

Eigentlich könnte ich gleich mit der Sprache rausrücken und erzählen, wie sehr mich die letzten Gespräche mit Marianne überrascht haben. Mir fällt es allerdings wirklich extrem schwer darüber zu reden, weil ich nicht weiß, was das bringen soll. Aber ich möchte es irgendwie mit Guillotine teilen, die jetzt, wo wir an einer roten Ampel stehen mein Gesicht noch genauer von der Seite mustert.

«Es ist alles gut, Nikos. Es gibt keinen Grund ihr zu misstrauen...» Ich unterbreche sie, weil es nicht das ist, was ich damit ausdrücken möchte.

«Das meinte ich auch nicht. Sie hat mir ein bisschen was von sich erzählt und ihrem Bezug zu Suizid...»

Dann erzähle ich ihr vom Werther-Effekt und es erstaunt mich, dass auch sie das Buch nicht gelesen hat.

«Verdammt...», meint sie nur und fährt rechts ran.

«Was ist?», frage ich sie.

«Ich hab Angst...», sagt sie und krallt ihre Fingernägel in das Lenkrad. Ihre Knöchel werden langsam weißer als weiß und nachdem ich vorsichtig und erfolglos versuche, sie davon zu lösen, nehme ich sie in den Arm. Zunächst reagiert sie gar nicht und bleibt steif am Lenkrad kleben, doch dann merke ich spürbar, wie sich ihr Griff löst und so sitzen wir eine Weile da, bis es unbequem wird und ich mich wieder richtig hinsetzen muss.

Ich sehe sie an, doch sie sieht starr geradeaus. Dann wirft sie einen routinierten Blick in den Seitenspiegel und wendet, sodass wir zurück fahren.

«Was machst du?», frage ich sie, während ich mich leicht desorientiert und irritiert von dieser Wendung umblicke. Guillotine meint nur: «Marianne abholen.»

10

Nach dieser Aktion sitzen wir tatsächlich zu dritt im Auto. Warum ist mir eigentlich nicht eingefallen, Marianne mitzunehmen? Sie schien so verständlich krank geschrieben zu Hause geblieben zu sein, dass ich mir einfach keine Gedanken gemacht habe.

«Woher kannst du Autofahren?», fragt Marianne, die jetzt auf der Rückbank sitzt.

Guillotine lacht und meint: «Kann ich das?»

«Ja», antworte ich.

«Mein Dad hat eine Fahrschule... gehabt. Er war immer ein stiller Trinker. Bis meine Mum kam. Beide waren eine Woche verheiratet und sie wurde schwanger. So kam sie nie ganz von ihm los und ist geblieben. Doch dann war irgendwann ja auch noch ich da. Und das war eine Frau zu viel im Haus... meine Mutter ist nun schon lange tot, weshalb ich auch keinen richtigen Bezug zu ihr habe. Die Frau, die bis vor kurzem bei uns gelebt hat, ist meine Stiefmutter, also seine zweite Frau. Ich bin mal gespannt, wie das alles werden wird, wenn wir wieder leben. Ich würde gerne ausziehen, aber ohne Job geht das schwer. Und ich habe ja noch ein bisschen Schule vor mir.»

«Ich würde gerne auch weg von zu Hause», sage ich und ergänze: «. . . obwohl es eigentlich nicht so schlimm ist. . . aber ich will meiner Mum nicht länger auf der Tasche liegen. Ich würde einfach zu gerne mein eigenes Leben führen. . . wenn ich es denn führen will.»

Marianne äußert sich nicht zu dem Thema. Neugierig drehe ich mich um zu ihr und sehe, wie sie aus dem Fenster blickt. Nachdenklich.

«Wie sieht es mit dir aus, Marianne?», fragt Guillotine, die Marianne wohl im Rückspiegel beobachtet hat.

«Ich weiß es nicht. . .», antwortet sie, blickt aber weiterhin aus dem Fenster.

Irgendwie wirkt das alles so abwehrend und ich würde gerne wissen, warum Marianne so ist, obwohl Guillotine und ich so offen zu ihr sind. Wir zeigen ihr ja auch durch all das, was gerade geschieht, wie sehr wir ihr vertrauen. Da kommt aber so wenig, obwohl Marianne doch schon sehr offen zu mir war, als wir alleine waren. Aber jede Frage meinerseits könnte ihr in diesem Moment unangenehm sein. Ich weiß nicht, ob sie ahnt, wie viel ich Guillotine davon erzählt haben könnte. Daher schwanke ich zwischen dem Schweigen, was ich sonst immer mache und dem vorsichtigen Weiterbohren.

Guillotine nimmt mir diese Entscheidung ab und redet einfach weiter, obwohl ich mir sicher bin, dass ihr gerade auch auffällt, wie sehr sich Marianne zurück zieht.

«Wisst ihr denn schon, wie euer Leben später mal aussehen soll?», fragt uns Guillotine.

Ich muss eine Weile überlegen, bis ich schließlich antworte: «Ach, weißt du. Es gab mal eine Zeit da wollte ich unbedingt etwas mit schreiben machen und damit die Leute erreichen. Aber ich weiß nicht, ob jemals etwas daraus wird. Es gibt Tage, da würde ich am liebsten alles hinschmeißen, nur um meiner Berufung nachzugehen. Das erscheint mir als das einzig lebenswerte in meinem Leben. Denn in der Schule bin ich sowieso nicht gut. Das Problem ist nur, dass an meinen Schulnoten gemessen wird, wie gut ich bin. Auch im Schreiben. Ich hab das Gefühl, es zählt weder Talent, noch Herz, noch Leben in dieser Gesellschaft. Nur Leistung und Status und Ansehen. Und wenn man von unten kommt, ist es schwer weiter nach oben zu kommen. Man muss kämpfen oder Glück haben. Oder beides. Denn Chancen verschenkt keiner. Manchmal frage ich mich, wofür ich dann eigentlich lebe... und was man als Leben bezeichnen kann.»

«Marianne?», fragt Guillotine und blickt wieder zu ihr im Rückspiegel.

«Wisst ihr... wenn man von oben kommt, ist das aufsteigen nicht leichter. Eher wurde einem so ein großer Weg bereits abgenommen, sodass jegliches Aufsteigen für immer unter dem Stern der Starthilfe steht...»

«Aus dieser Sicht habe ich es noch gar nicht betrachtet...», entgegne ich ihr und mir wird wieder bewusst, wie wenig ich Marianne doch kenne.

«Tja, man sieht nie alles», entgegnet sie nur. «Und wie ist es bei dir, Guillotine?»

Guillotine antwortet: «Interessant. Wir drei wollen eigentlich dasselbe: Frei sein. Selbstständig leben. Aus eigener Kraft etwas bewegen und daran wachsen. Und wir wollen uns von unserem Elternhaus lösen, da es uns irgendwie hindert, uns zu entfalten. Ich denke unsere Eltern machen ihren Job gut. So gut wie sie eben dazu in der Lage sind. Sind ja auch nur Menschen... warum das alles dennoch so wehtut... und sie uns wehtun...»

Guillotines Arm mit der Narbe zuckt leicht, während sie das sagt und ich weiß, dass unter ihrem großen Pullover immer noch ein Verband ist. «... verstehe ich nicht.»

Sie hat es auf einmal sehr eilig, wechselt rasch die Spur, um ein langsamer fahrendes Auto zu überholen. Wir schweigen, bis wir auf den Lehrerparkplatz fahren. Dort parkt sie direkt neben dem blauen Mercedes unserer Rektorin Frau Grinz. Sie macht den Motor aus, zieht die Handbremse an und steigt aus. Ich steige auch aus, laufe wie sie um das Fahrzeug herum zum mittlerweile offenen Kofferraum. Marianne bleibt im Auto sitzen.

«Steigst du nicht aus?», frage ich sie.

«Also... ähm... ich komme nach, okay?»

Mir ist es nicht so recht, sie jetzt alleine zu lassen, also öffne ich die Autotür und reiche ihr die Hand, welche sie dann auch nimmt und aussteigt. Aus den Augenwinkeln sehe ich, wie Guillotine uns beobachtet. Als ich direkt zu ihr blicke, lächelt sie. Ich lächle zurück und dann wiederum Marianne an, die jetzt ebenfalls lächelt. Ob es echt ist, weiß ich nicht. Aber es ist richtig, sie jetzt mitzunehmen.

Zu dritt stehen wir nun also am Kofferraum und Guillotine reicht mir eine Sporttasche.

«Was ist da drin?», frage ich sie.

Sie drückt mir auch noch ein Handy in die Hand und meint ohne darauf einzugehen: «Die anderen sind jetzt essen oder im Unterricht. Hört zu, ihr zwei... wir trennen uns jetzt und in fünf Minuten treffen wir uns im obersten Stock auf der Mädchentoilette. Dort erkläre ich euch dann den weiteren Plan. Nehmt die Treppe im linken Flügel. Marianne kennt den Weg. Ich komme nach...»

Sie macht den Kofferraum zu, schließt ab und rennt zum Hintereingang. Marianne und ich nehmen den vorderen Eingang und dann gleich den Gang nach links, der zur Treppe führt. Während wir die großen Steinstufen nach oben steigen, blicke ich das Handy in meiner Hand an. Es ist ein einfaches Klapphandy und ich bin irgendwie fasziniert davon. Marianne schweigt und ich versuche erneut das Eis zu brechen, indem ich ein wenig von mir preisgebe.

«Weißt du... man sagt Suizidalen ja immer nach, dass sie egoistisch handeln... und nicht an die denken, die sie zurücklassen... dafür denke ich aber ziemlich oft an meinen besten Freund und meine Mum... ich hab Angst, dass ihnen etwas passiert... dass es sie zu sehr belastet, dass ich nicht mehr da bin...»

«Willst du dich denn bei ihnen melden? Jetzt? Gleich wissen eh alle, dass du noch lebst...», antwortet mir Marianne. Und obwohl ihre Aussage so klingt, als fände sie es unnötig, dass ich mich melde, beginne ich durch das Handy zu navigieren. Mir fällt Marios Nummer nicht ein, aber die meiner Mum.

Ich tippe:

Hey... Mum... ich lebe noch. Bitte sei mir nicht böse! Sag Mario Bescheid. Nur ihm! Ich liebe euch. Ehrlich. LG Nikos

Ich versende die SMS und fühle mich besser, auch wenn das alles so emotional dramatisch klingt. Ich kann wohl doch Gefühle in Worte fassen. Vielleicht bin ich ja auch kein typisch männliches Wesen...

11

Im obersten Stock angekommen gehen wir Richtung Mädchentoilette. Marianne scheint mittlerweile wieder lockerer zu sein, aber jetzt fühle ich mich extrem angespannt und unruhig. Zum Glück ist uns noch niemand begegnet. Ich hoffe nur, dass das so bleibt.

Doch die Hoffnung ist nicht auf meiner Seite, denn ein paar Meter vor der Toilette kommt uns der Schulsekretär entgegen. Ich erkenne ihn an dem schlacksigen Gang und an seiner sehr großen und dünnen Statur. Außerdem trägt er immer ein weißes Hemd und eine schwarze Hornbrille, was ihn irgendwie älter aussehen lässt, obwohl er gerade mal 30 ist.

Nun werde ich extrem nervös, kann aber auch nicht mehr zurück oder irgendwo abbiegen. Marianne läuft ebenso locker weiter und grüßt freundlich. Der Sekretär sieht erst sie an, dann mich und grüßt dann unsicher zurück. Dann bleibt er vor uns stehen. «Hallo Marianne... warum seid ihr nicht beim Essen?»

«Ihm ist schlecht und ich begleite ihn...», antwortet Marianne. Da vermutlich sämtliche Restfarbe aus meinem Gesicht gewichen ist, kauft er uns das ab, wünscht gute Besserung und ich bin froh, dass er mich nicht erkannt hat.

Als der Sekretär weg ist, schubst mich Marianne in die Mädchentoilette, bevor ich noch darüber nachdenken kann, was ich da gerade mache. Dort steht Guillotine bereits mit ihrer Tasche und lächelt uns an. Sie hat ein Handy am Ohr und telefoniert. Ich frage mich, mit wem sie wohl redet. Marianne scheint es auch nicht zu wissen und wäscht sich erst mal die Hände. Ich blicke mich um und stelle fest, dass die Toiletten genau so aussehen wie bei den Jungs. Bis auf die vielen Sprüche an den Wänden, welche die Mädchen in Liebesrausch, Wut, oder mit gemischten Gefühlen verfasst haben. Da Guillotine immer noch telefoniert, trete ich näher und beginne zu lesen, verstehe aber irgendwie nur Bahnhof. Zwischen den ganzen Abkürzungen wie ABF (allerbeste Freundin), HDL (hab dich lieb), NMOD (nie mehr ohne dich) stehen aber auch ziemlich viele Beleidigungen, teilweise wohl liebevoll gemeint mit Herzchen, teilweise aber auch unter der Gürtellinie mit Drohungen. Man findet hier neben den Liebeserklärungen an Jungs und ABF also auch ziemlich negative Formulierungen.

«Okay, bis gleich!», meint Guillotine nach einer Weile und legt auf.

«Wer war das?», nimmt mir Marianne die Frage ab.

«Die Leiterin der Theater AG, Susanne. Sie ist in ein paar Minuten bei uns.»

«Weiß sie von...», beginne ich zu fragen, doch da öffnet sich auch schon die Tür und Susanne steht vor uns. Sie sieht etwas müde und zerstreut aus. Ihre blonden kurzen Haare stehen in alle Richtungen ab, ihre blasse Haut ist gerötet und man sieht ihr auch deutlich eine Anspannung an.

«Moin moin ihr Scheintoten!», begrüßt sie uns. «Das ging aber schnell», meint Guillotine und als dann niemand mehr etwas sagt, beginnt sie zu erklären:

«Aaaaalso. Susanne und ich sind seit gestern Abend in Kontakt. Ich hatte sie angeschrieben, da eigentlich der Plan war, die Veranstaltung der Theater AG zu unserem Vorteil zu nutzen. Da diese aber aufgelöst wird und somit nichts mehr stattfindet, gibt es wieder eine kleine Planänderung...»

«Wie aufgelöst?», unterbricht sie Marianne.

Susanne lacht nervös und meint: «Meine Texte waren wohl etwas zu sozialkritisch...»

«Krass... ich fand die immer sehr treffend», meint Marianne. Susanne murmelt ein leises «Danke» und blickt dann Guillotine an, die das als Aufforderung sieht fortzufahren.

«Heute Mittag steht also keine Theater AG auf dem Plan, sondern eine spontane Sonderveranstaltung zum Thema Suizid. Das ist für alle Lehrer und Schüler eine Pflichtversammlung. Wir werden natürlich auch dabei sein, allerdings auf der anderen Seite oben auf der Bühne. Und hier kommt Susanne ins Spiel. Die Theater AG kennt den Saal in- und auswendig und wird dafür sorgen, dass uns keiner unterbricht und die Menschen da draußen vor der Mattscheibe eine Lektion erhalten, die sie nie vergessen werden!»

«Mattscheibe?? Du meinst, das wird im Fernsehen übertragen?», frage ich entrüstet und bekomme irgendwie Panik.

«Korrekt», antwortet Guillotine.

«Und was ist, wenn die uns den Saft abdrehen?»

«Damit das nicht passiert, dafür ist die Theater AG zuständig.»

«Und was genau... mache ich?»

Sie lächelt. Ich sehe sie fragend an.

«Du wirst mit mir da vorne stehen und unsere Abschiedsbriefe vorlesen. Ansonsten musst du nichts sagen. Das Reden übernehme ich...»

Diese Erklärung klingt logisch, aber mir wird das jetzt irgendwie alles zu viel. Die drei Mädchen blicken mich an, doch ich fixiere einfach nur Guillotine, die sich bestimmt gerade genervt von meiner unlockeren Art fühlt und mir kommt es so vor, als ob sie die einzige Bezugsperson für mich war. Momentan ist da jedoch nichts und ich würde am liebsten jetzt sofort gehen. Oder sterben. Irgendwie raus, denn nervlich wird das immer anstrengender für mich, je mehr Leute an *ihrem* Plan mitwirken und je spontaner das Ganze wird. Außerdem beunruhigt es mich, dass Guillotine wohl nachher von mir etwas erwartet, was ich nicht schaffe und wobei ich sie enttäuschen muss, weil ich im Vortragen echt verdammt mies bin und sowas gerne verbocke. Ich kann super gut Dinge mit Bedacht formulieren, aber Leute von Angesicht zu Angesicht zu überzeugen gehört nicht zu den Dingen, die ich kann.

Die drei Mädchen werfen sich nun besorgte Blicke zu und ich fühle mich immer elender, weil ich nicht weiß, wie ich das alles jetzt formulieren soll.

«Hey, wir alle wollen doch etwas verändern, oder?», meint Susanne und ihre Worte klingen wie eine Ansprache, selbstsicher und bestimmt.

«Auch wenn ich nicht aus eurer Motivation des Selbstmordes und der Depression heraus handle, möchte ich ebenso diese Welt zu einem besseren Ort machen, indem ich hinterfrage, Menschen durch meine Theaterstücke zum Nachdenken über ihr Verhalten anrege. So wie ihr will ich einen besseren Umgang miteinander schaffen, weil ich das Leid ja sehe, das so viele fühlen. Ihr habt es sogar so sehr am eigenen Leib erlebt, dass ihr nicht mehr leben wolltet...»

«Eben darum geht es!», meint Guillotine und man sieht ihr ihre Dankbarkeit für Susannes Worte an.

«Für mich geht es darum den anderen durch unseren scheinbaren Selbstmord zu zeigen, dass das Leben nun mal ein Spiel mit dem Tod ist, das wir selbst zwar in der Hand haben, aber leider auch zu oft die anderen falsch mitspielen lassen... Ich will auf meine Weise den Menschen zeigen, dass sie genauer hinsehen sollen, besser nachdenken sollen, aufhören sollen, sich durch Hass immer wieder aneinander zu reiben. Diese Welt scheint für mich so oft so schrecklich. Geprägt von Mobbing, über das keiner nachdenkt. Geprägt von Eltern, die Kinder viel zu früh in Familienkonflikte verwickeln und das Herunterspielen und ihnen damit auch nichts Gutes mit auf den Weg geben. Es fällt mir schwer diese Gesellschaft in Worte zu fassen, die Amokläufer und Kinder wie uns hervorbringt und trotz allem nichts am Kernproblem ändert. Keiner bringt uns bei, wie wir auf andere wirken, was unsere Worte bewirken, wie wir Missverständnisse vermeiden, wie wir uns näher kommen. Wenn wir Glück haben, lernen wir das alles viel zu spät in irgendeiner Therapiegruppe...»

Marianne, die sich bisher eher bedeckt gehalten hat, blickt nun erst mal betreten zu Boden, dann hinüber zu Guillotine und fügt nervös mit den Schuhen über den Boden scharrend hinzu: «Ach Guillotine... wenn das so einfach wäre... wenn Worte nicht ankommen, scheinen sie für viele zu sinnlos und irgendwann sogar verschwendet. Wir geben alle mal jemanden auf. Es ist auch nicht unsere Aufgabe, da ständig hinterher zu sein und wirklich mühsam, wenn nichts von all dem Verständnis und der Wärme beim anderen ankommt. Und schließlich sitzen wir ja auch in uns selbst fest und nach wie vor ist da eine Einsamkeit, die uns von anderen trennt. Aber was wohl wirklich wichtig ist, und da gebe ich dir recht, ist zu erkennen, dass wir *alle* im selben Boot sitzen und dieses Gefühl teilen. Denn sind wir nicht alle irgendwie einsam? Machen wir uns nicht alle ja eigentlich Gedanken darüber, was einmal sein wird und warum wir hier sind?»

«Also ich muss jetzt mal was loswerden...», werfe ich spontan in die Runde und alle drei Mädchen sehen mich an.

«Gerade eben habe ich mich extrem elend und ausgeschlossen erlebt... aber jetzt nach euren ehrlichen Worten geht es mir wirklich besser. Ich weiß nicht, wie ihr es geschafft habt, aber ich will da jetzt wirklich rausgehen und meinen Teil zur Revolution beitragen!»

Und ich meine es auch so. Ich will so stark sein. Ich will, dass sich jetzt etwas ändert!

fünf

—

1

Während ich am Rand der Bühne stehe und warte, bis die Theater AG alles vorbereitet hat, werde ich nun doch wieder nervöser. Der Saal füllt sich nach und nach und ich fühle mich so schutzlos. Am liebsten würde ich wieder weglaufen, aber das bin ich ja schon. Mir wird klar, dass ich gerade sogar vor dem Weglaufen weglaufen will. Aber was ändert das? Will ich mein Leben lang ein Angsthase sein? ‹Ach... Ich will doch auch gar nicht leben...› ertönt eine Stimme in meinen Gedanken ganz automatisch. Ich versuche sie zu ignorieren, weil das einfach nicht stimmt. Ich will leben. Nur nicht so wie bisher. Dann blicke ich geradeaus zu Guillotine, die auf der anderen Seite der Bühne am Rand steht und mich ansieht.

Wir halten uns damit zwar gegenseitig im Hier und Jetzt, doch ich habe das Gefühl, dass ich vorhin irgendwie mutiger war. Aber nun, mitten in der Situation, spüre ich, wie so langsam die Panik zurückkommt. Ich versuche wieder an den Grund zu denken, warum wir das alles hier machen und mir die Worte von Guillotine, Susanne und Marianne ins Gedächtnis zu rufen. Bloß gelingt es mir nicht so recht. Stattdessen denke ich an die letzten Monate und Jahre, denke an mein Leben, das bei meiner schwachen Mentalität vermutlich wirklich keine Zukunft hat. Oder wird sich gleich wirklich alles ändern? Ist das nicht eine Chance? Aber auf was?

Wenn man einen solchen Text wie einen Abschiedsbrief vorliest, sollte man das möglichst glaubwürdig rüberbringen. Aber auch nicht zu pathetisch. Eben so wie man sich fühlt, wenn man ihn selbst noch vor wenigen Stunden geschrieben hat. Und ich fühle mich klein und verängstigt.

‹Was wird sein, wenn Guillotine und ich etwas falsch machen? Wenn wir da vorne vor der gesamten Schule stehen und kein Wort raus bekommen? Oder wenn ich es versaue und wir dann verspottet werden?›

Guillotine wirkt allerdings sehr gefasst, wie sie mir gegenüber auf der anderen Seite der Bühne steht.

So hin- und hergerissen zwischen dem Bedürfnis doch noch einfach abzuhauen und der Verpflichtung, das jetzt durchzuziehen und dem Wunsch, niemanden zu enttäuschen, nehme ich das Handy, das Guillotine mir gegeben hat und schreibe ihr eine SMS. Dafür war es wohl eigentlich gedacht, denn es ist nur eine Nummer im Telefonbuch.

«Ich hab Angst…», schreibe ich ihr also. Ich sehe, wie sie auf ihr Handy blickt und etwas tippt. Wenig später vibriert es in meiner Hand und zeigt mir eine neue Nachricht an: «Ich auch.»

Aha, so gefasst ist sie also auch nicht und ich erwische mich dabei, wie mich das freut. Es ist nicht böse gemeint, sondern eher eine Art Freude über diese Verbundenheit und nicht mit der Angst alleine zu sein.

2

Mittlerweile ist der Saal voll und Frau Grinz tritt von links, also von Guillotines Seite, auf die Bühne. Die Rektorin kann uns nicht sehen, da wir uns jeweils hinter Trennwänden verstecken. Doch als sie so nah an Guillotine vorbei läuft, halte ich automatisch ebenso den Atem an, wie sie es vermutlich gerade tut. Allerdings ist Frau Grinz so in ihren Text vertieft, dass sie uns ohnehin nicht bemerken würde. Dass das Fernsehen da ist und sie das extrem in Stress versetzt, ist ihr deutlich anzumerken.

Vor dem Rednerpult auf der linken Bühnenseite bleibt sie stehen, legt ihre Blätter vor sich nieder und beginnt, sobald es ruhiger wird, mit ihrem Vortrag. Dieser enthält mal wieder viele Worte und scheint dennoch sehr inhaltslos zu sein. Das merkt wohl auch das Publikum und es wird wieder lauter im Saal. Das Stimmengewirr der Schüler wird begleitet vom «Psssst» der Lehrer, aber sie alle machen keine Anstalten, ruhiger zu werden, was mich wundert, denn Frau Grinz hat ihnen bestimmt eingeschärft, dass das Fernsehen da ist und sich die Schule von ihrer besten Seite zeigen muss.

Das Handy in meiner Hand vibriert erneut und signalisiert mir damit, dass ich eine Nachricht erhalten habe. Ich blicke darauf und sehe, dass sie von meiner Mum ist. Sie schreibt nur: «Sag mal spinnst du!? Wir sprechen uns später... Mario ist auch hier. Wir sehen fern... Mach keinen Scheiß, wir lieben dich!»

Ich lächle und blicke Guillotine an, die wieder etwas tippt. Wenig später lese ich nur das Wort: «Jetzt!»

Im Halbdunkel erkenne ich, wie sie mir von der anderen Seite zunickt. Ich nicke zurück und laufe wie sie los. Ihr entgegen. Mit der Angst im Nacken, jetzt gleich etwas sagen zu müssen, was die Welt verändern soll. Und das, obwohl ich es bisher immer vermieden habe, viel zu sagen, weil ich die Befürchtung hatte, dass es eh nichts ändert. Guillotine jedoch blickt mir fest in die Augen und das macht mir etwas Mut. In der Mitte der Bühne strecken wir beide unsere Arme aus und ergreifen jeweils die Hand des anderen. Ganz automatisch, als wäre das abgesprochen. Ich drehe mich zum Publikum und fühle mich leer, aber irgendwie auch fähig, gleich meinen Text vorzulesen. Ich muss einfach. Jetzt ist es zu spät. Es gibt kein zurück. Nur das, was vor mir liegt.

Guillotines Hand ist sehr warm und weich und... mir wird ganz komisch. Heiß. Kalt. Schwindelig. Das Licht der Scheinwerfer blendet mich zum Glück so extrem, dass ich nicht sehe, wie voll der Saal wirklich ist.

Sobald die Menge vor uns begriffen hat, wer da vorne steht, wird es schlagartig still. Frau Grinz scheint das nicht so mitbekommen zu haben, nimmt die Stille aber dankend an und leiert einfach ihren Text weiterhin runter. Sie bemerkt gar nicht, dass sich etwas verändert hat. Dass etwas weiter rechts hinter ihr in der Mitte der Bühne zwei Tote stehen.

Irgendwann dreht sie ihren Kopf in unsere Richtung. Ihr Blick schweift zu uns. Und sie grinst zuerst, verstummt dann aber schlagartig in ihrem monotonen Text. Ihre Maske fällt und pure Entgeisterung vermischt mit Angst macht sich in ihrem Gesicht breit. Wie gelähmt lassen die Hände das Mikro fallen, das wie von etwas gelenkt in unsere Richtung rollt. Guillotine hebt es vom Boden auf, sieht entschlossener aus als je zuvor und fängt an zu sprechen. Ich sehe nach, ob hier wirklich Kameras sind und mein Blick fällt auf das Fernsehteam am Rand der Bühne. Ich kann es nicht glauben, dass ich hier stehe.

«Guten Tag Frau Grinz, guten Tag meine lieben Mitschüler und vor allem: Guten Tag, liebe Gesellschaft!»

Die Menge wird wieder unruhiger und einige in den hinteren Reihen buhen sogar. Guillotine lässt sich davon jedoch nicht irritieren und meine Hand los, weil sie nun ein zwei Schritte vor bis an den Rand der Bühne gehen will, wo sie nicht mehr vom Scheinwerferlicht geblendet wird.

«Wie ihr alle sicher mitbekommen habt, sind Nikos und ich gestern tragisch verstorben. Komischerweise sehe ich weder Respekt noch Reue in euren Gesichtern. Ja, ihr zeigt noch nicht einmal Interesse... und buht uns sogar aus. Warum? Weil wir es nicht geschafft haben zu sterben?»

Sie bricht ab, scheint leer. Ich stehe da, wippe mit den Füßen und bekomme eine Gänsehaut beim Gedanken daran, dass irgendwelche Leute, die ich nicht sehen kann, mich jetzt live sehen. Und meine Mum vermutlich durchdreht. Mario findet das bestimmt cool, was ich gerade mache. Und ich? Ich weiß nicht, wie ich das alles finden soll. Ich denke mir, dass das vermutlich alles in einem Fiasko endet und Guillotine echt nichts mehr sagen wird. Sie hat irgendwie den Faden verloren. Vermutlich sind es nur wenige Sekunden, die seit ihren letzten Worten vergangen sind, aber mir kommt es bereits wie eine Ewigkeit vor. Doch lässt es sich vermeiden, dass alles noch schlimmer wird? Ja, und zwar indem ich jetzt die Dinge selbst in die Hand nehme und handle. Wir haben es bis hierhin geschafft, wir können jetzt nicht aufgeben!

Ihre plötzliche Panik sorgt seltsamerweise dafür, dass meine eigene zurück geht. Marianne und Susanne stehen mit gespannten Blicken an den Seiten der Bühne und warten auf ihren Einsatz. Und wenn es jetzt nicht weitergeht, wird dieser nie kommen. Guillotine zittert nun leicht, dreht sich um und blickt mich flehentlich mit großen angsterfüllten Augen an.

Von irgendwoher fliegt ein angebissenes Wurstbrot auf die Bühne. Ich zweifle auch, wenn ich so in die Massen da unten blicke, die wiederum zum größten Teil in ihr Smartphone blicken, das Ganze auch noch filmen, und gar nicht zu realisieren scheinen, was hier gerade geschieht. Das ist gerade sehr deprimierend und zieht mich runter. Aber ich muss aufstehen. Raus gehen. Oben bleiben. Nein, ich *will* es. Für mich. Für Guillotine. Für Marianne. Und für Susanne. *Ich* will besser leben.

Also laufe ich ohne so recht zu wissen wie es weitergehen soll auch vor bis an den Bühnenrand. Es kostet mich enorm viel Kraft, Guillotine auch noch beruhigend zulächelnd das Mikro aus der Hand zu nehmen. Noch mehr Kraft kostet es mich aber, jetzt mit fester und bestimmter Stimme etwas zu sagen. Ich rufe: «Seid still!»

«Halt's Maul du Spast!», kommt es prompt aus dem Publikum zurück. Ein Apfel fliegt auf mich zu und überraschenderweise fange ich ihn und knalle ihn dem Werfer Patrick zurück an die Brust. Er fängt ihn nicht, denn das hat er nicht erwartet. Die Ruhe kehrt wieder ein. Und ich nutze die Stille, um meinen Brief einzuleiten.

3

«Hallo zusammen. Wie Guillotine schon so schön gesagt hat, sind wir seit gestern tot. Zum Anlass dessen, lese ich euch nun live das vor, was man so schreibt, wenn man sich umbringt:

Also... Ja... Wie beginnt man eigentlich so etwas wie einen Abschiedsbrief? Woher nehme ich all jene Worte, welche meine letzten sein werden? An wen richte ich sie? Welche Bedeutung messe ich ihnen bei? Werden sie von ‹den richtigen› Leuten gelesen? Wie vermeide ich es, dass Fragen auftauchen, wenn ich nicht mehr da bin? Wie vermeide ich es, dass man in meine Worte reindichtet, was nicht stimmt?
Meine letzten Worte habe ich mehrmals geschrieben, gestrichen, überdacht, nochmals verfasst bis ich zu

dieser Version gelangt bin, die immer noch nicht all dem in mir gerecht wird. Es sind Worte, die mir schon sehr lange durch den Kopf gehen und die ich euch schon immer mitteilen wollte, doch niemals konnte. Ich habe sie für euch geschrieben, liebe Schüler, Lehrer, Eltern, liebe Menschen vor dem Fernseher, die das hier eingeschaltet haben. Und ich lese sie euch nun vor, weil ich will, dass ihr sie versteht und begreift, was eigentlich geschehen ist, warum ich tot bin und all das hier kein Fail, Fake oder Joke sein soll. Das Leben ist immer ein Spiel, oft auch eines mit dem Tod, während wir noch am Leben sind. Doch ihr habt es in der Hand. Euer eigenes und das der anderen. Denn all das, was ihr sagt, was ihr verschweigt, was ihr tut und unterlasst, hat Einfluss auf das Leben wie ihr es lebt und wie andere es in eurer Gegenwart tun.

Ich habe es nicht geschafft zwischen euch zu existieren. Ihr habt mir so oft gezeigt, dass ich anders bin, wertlos. Habt mich gedemütigt, mich so sehr rumgeschubst, bis ich mir den Arm gebrochen habe. Ich hab allen gesagt, dass ich hingefallen bin. Ich habe es mir selbst sogar glauben wollen. Weil die Angst vor dem, was dann geschehen könnte zu groß war. Weil ich nicht noch mehr Aufmerksamkeit erregen wollte. Bloß nichts sagen. Schweigen. Es über sich ergehen lassen. Ist ja nichts weiter.

Und in meiner Kindheit habt ihr mich mit Kleingeld beworfen. Irgendwer. Ich weiß es nicht mehr, denn jedes Mal, wenn ich mich umgedreht habe, standen da ein dutzend Schüler, bei denen ich unmöglich den Täter herausfinden konnte. Vielleicht hatte ich mir das ja alles nur eingebildet? So hatte ich gelernt, es als Einbildung zu sehen, obwohl mir das reale Kleingeld vor mir auf dem Boden etwas anderes sagte...

Wisst ihr, wie es ist, jahrelang auf dem Pausenhof in einer Ecke zu stehen, damit einen keiner von hinten angreift? Ihr habt mich verspottet, aufgezogen, mich beleidigt, mir wehgetan, seid mir voller Hass Tag für Tag gegenüber getreten, bis ich euch aus dem Weg gegangen bin, mich verstecken und fliehen, letztendlich sterben wollte. War das wirklich eure Absicht? Ist euch eigentlich bewusst, was ihr damit getan habt? War es denn wirklich so lustig mich aufzuziehen? Und weiterzumachen, obwohl mein Leid so offensichtlich war?

Und die, die sich jetzt nicht angesprochen fühlen...

Die nichts gesagt oder getan haben...

All das Schweigen derer, die nur zugesehen und sich rausgehalten haben, hallt noch immer nach wie das Echo eines Schreis in einer Höhle. Von Wand zu Wand hat sich das im Laufe meines Lebens zu einer Akustik summiert, die mich erdrückt hat.

Ihr habt es nicht besser gewusst? Nicht nachgedacht? Dann hoffe ich, ihr tut es jetzt!

Denkt mehr darüber nach, seht besser hin, womit ihr spielt. Es ist ein Leben. Nie umsonst.

Und auch mein Tod soll nicht umsonst gewesen sein!»

4

Ich habe es geschafft! Den Brief tatsächlich vorgelesen und während dem Lesen sogar stellenweise auf die neue Situation angepasst.

Und nun ist es still im Saal. Die Aufmerksamkeit aller wird mir gerade wirklich extrem bewusst und ich schwanke leicht. Aber das könnte auch nur mein Herz sein, das gerade so heftig pocht, was ich nicht kontrollieren kann. Guillotine steht immer noch neben mir und blickt mich an. Mit glasigen feuchten Augen, doch auch lächelnd. Sie hat keinen Brief dabei, sondern die Blätter aus der SDL-Stunde in ihren Händen. Sie beginnt ihren Text vorzulesen und ich frage mich, wie lange ich da noch so stehen kann ohne umzukippen. Frau Grinz hat die Bühne verlassen und sitzt nun mit verschränkten Armen im Publikum. Ich sehe mich um. Die Kameras sind nach wie vor auf uns gerichtet.

Als Guillotine ihre Rede beendet hat, kann ich mir vorstellen, warum sie aufgehört und nicht begonnen hat. Ihr Text ist so extrem bewegend und hätte mich mit Sicherheit eingeschüchtert und mir den Mut genommen. Von ihr vorgelesen wirkt er noch einmal ganz anders. Ich bewundere wirklich ihre Schreibkunst.

Nach ihr betritt Susanne die Bühne und Guillotine übergibt das Mikro an sie. An ihr bewundere ich ihre Ruhe und Gelassenheit. Oder zumindest, dass sie das so durchziehen kann, ohne dass man ihr eine Nervosität anmerkt.

«Guten Tag miteinander…», beginnt sie und hat gar kein Blatt dabei, sondern nur ein kleines Kärtchen mit Stichpunkten. Sie spricht also wirklich frei. Wann hätte sie denn auch eine Rede vorbereiten sollen? Gestern gab es ja noch eine Theater AG. Sie wurde erst heute Vormittag aufgelöst. Somit kann sie erst seit maximal drei Stunden wissen, dass der Mittag nicht so wie gestern mit Guillotine geplant verlaufen wird. Dass auch sie hier stehen wird, damit hat wohl keiner gerechnet. Ich glaube nicht einmal Guillotine mit ihrem Geplane hat mit irgendetwas von all dem hier gerechnet. Sie steht nun neben mir und ergreift meine Hand. Wir lächeln uns an und jetzt, da ich meinen Part hinter mir habe und nicht mehr alleine daneben stehe, geht es mir auch besser. Ich habe immer mehr das Gefühl, dass alles nach Plan läuft, auch wenn nichts so wirklich geplant war. Gemeinsam lauschen wir nun also Susannes Improvisationsrede:

«Aus gegebenem Anlass stehe ich heute nun doch auf der Bühne… ich bin mir jetzt nach den Ansprachen von Nikos und Guillotine nicht mehr sicher, ob das hier reinpasst, aber mein Part in diesem Spiel ist die Meinungsfreiheit. Ich bin Susanne und seit Jahren Leiterin der Theater AG, die heute von der Schulleitung mangels Interesse aufgelöst wurde. Und das, bevor ich überhaupt die Chance bekommen habe, neue Mitglieder zu werben. Der Grund war allerdings eher die große Sozialkritik, die man aus meinen Stücken heraushören konnte. Ich gebe zu, dass ich einige davon mit diesem Hintergrund geschrieben habe, weil es mir immer wichtig war, die Schüler nicht mit falschen Trugbildern zu bespielen, wie es das Fernsehen schon allzu oft macht. Welch Ironie, dass ich das nun im Fernsehen sage und mir Leute zuhören, die das alles wohl auch nicht ändern können oder es wollen.

Laut meinen Kollegen der AG ist es mir gelungen, selbst trockenen Themen einen Tick Humor vermischt mit Wahrheit abzugewinnen. Es *ist* also möglich, Menschen ehrliche ungeschönte wahre Unterhaltung zu bieten ohne Titten, Trash und Trugbilder, welche die Wirklichkeit eines jeden von uns verändern. Das vorweg an die Macher von Hartz-IV-TV. Anbei gibt es dazu einen guten Film von einem meiner Lieblingsregisseure, Hans Weingartner: Free Rainer, dein Fernseher lügt. Ich komme mir gerade vor wie Rainer und seine Crew... und ich glaube daran, dass keiner so doof ist wie die Shows, die ständig über die Mattscheibe flimmern. Mal ehrlich, Leute... ist Geld so viel wichtiger? Glaubt ihr nicht, dass es auch weniger krass geht als sich in einer Kabine auszuziehen und die Penisse von Männern zu vergleichen?»

Diese Direktheit hat offensichtlich gesessen, denn ich sehe nun, wie sich eine Reporterin am Rand regt und energisch auf einen der Kameramänner zuläuft, der ihr jedoch kopfschüttelnd signalisiert, dass Susanne ja recht hat. Ändern wird es wohl wenig... eher, dass hier alle Beteiligten ihren Job verlieren. Ich hoffe mal, dass sie rebellieren werden... wie Susanne, die wohl alles gesagt hat, was sie wollte, sich verabschiedet und an Marianne übergibt, die weder ein Blatt noch ein Kärtchen mit Stichpunkten in den Händen hält. Dann stellt sich Susanne zu uns und Marianne steht zunächst einfach nur da und blickt ins Publikum, das während der letzten drei Reden keinen Ton von sich gegeben hat.

«So. Ich bin Marianne, die Schulsprecherin. Was mein Part hier ist, weiß ich noch nicht recht. Ich habe mein Amt auch nie so wirklich wichtig genommen. Bis zu dieser Woche, als Guillotine auf unsere Schule gekommen ist und ich gemerkt habe, dass ich lange Zeit ziemlich feige und eher konfliktscheu gewesen bin. Ich habe versucht, mit allen gut klar zu kommen und als tolerantes, nach Harmonie und Ordnung strebendes Beispiel voranzugehen. Dabei habe ich aber übersehen, welches Verhalten bei manchen Menschen zu weit geht und wo Mobbing beginnt. Wie kann man es jedoch verhindern? Wo sind denn die Grenzen?

So wie Nikos das alles beschrieben hat, habe ich es zu diesem Zeitpunkt nicht sehen können und auch jetzt ist es unvorstellbar, wie grausam man zu einem Menschen sein kann, dass er sein Leben nicht mehr leben will.»

Während sie das sagt, sieht sie Patrick an. Auch die Zuschauer haben bemerkt, dass sie sich nur auf eine Person fixiert hat und blicken ihn nun ebenfalls an. Seine Kumpel Ken und Marcel sehen hingegen betreten und vielleicht auch etwas beschämt zu Boden und weichen sogar zurück. Patrick könnte jetzt etwas sagen in diese Stille, doch er starrt einfach nur Marianne in die Augen, aber verliert und wendet seinen Blick zu Boden. Ich glaube, das ist genau das, was Marianne wollte. Ihn bezwingen. Ihm wirklich die Stirn bieten. Vor allen anderen. Und live im TV. Jetzt sieht sie wieder im ganzen Saal umher und spricht weiter:

«Aber ich befürchte, es ist nicht nur das, was einen Menschen in die Zweifel über sein Leben führt. Es ist so vieles, was gerade einen jungen Menschen belasten kann, der noch so sehr am Anfang von allem steht und trotzdem so früh entscheiden soll, wohin er gehört und wie er mal leben möchte. Ich selbst habe auch oft keine Ahnung, wohin mit mir. Und ich fühle mich gerade so leer, so distanziert von all dem, obwohl mir zugleich all das näher geht als mir lieb ist... und ich suche wohl wie wir alle hier meinen Sinn, will mich verwirklichen, auf eigenen Beinen stehen, etwas Neues erfahren, unabhängig leben. Doch wie funktioniert das eigentlich, dieses Leben? Vielleicht muss ich es abwarten. Vielleicht kommt ja alles ganz anders.

Nikos und Guillotine sind trotz allem am Leben. Das ist zu bewundern! Und es wird sich etwas ändern. Immer. Denn das Leben bedeutet Veränderung!

Damit, meine Lieben, beende ich nun diese Veranstaltung zum Thema Suizid. An dem Gesichtsausdruck unserer Direktorin kann ich ablesen, dass es wohl das letzte ist, was ich unter dem Amt der Schulsprecherin machen werde. Aber ich werde eine neue Aufgabe finden, der ich mich jetzt, durch all das, was ich erlebt habe, um einiges besser widmen kann. Damit bin ich hier raus, aber nicht aus dem Leben; nicht von der Welt, die ich nicht immer so schätzen kann, aber zu einem besseren Ort machen möchte. Lebt wohl und passt auf euch und eure Mitmenschen auf!»

Menschen applaudieren. Einer hat begonnen und nun tun sie es alle. Sogar Herr Links macht lautstark mit und nickt mir zu. Ich sehe überhaupt in durchweg gerührte Gesichter bei den Lehrern. Doch ein Stuhl in ihrer Reihe ist leer und bevor ich wirklich darüber nachdenken kann, wer auf diesem Stuhl sitzen sollte, werde ich von der Polizei mitgenommen. Nicht brutal, aber ich werde am Arm sanft mitgezogen und soll wohl mit den anderen die Bühne verlassen. Das Fernsehkamerateam beginnt abzubauen. Die einzelne Reporterin versucht noch einige Aufnahmen von der Festnahme zu ergattern, aber keiner der Kameramänner hört auf sie. Scheinbar haben sie sich wirklich schon von ihrem Job verabschiedet.

Man bringt Guillotine, Susanne, Marianne und mich ins Büro der Rektorin, wo wir gemeinsam auf unser Urteil warten, als wären wir Verbrecher.

Keiner von uns sagt etwas. Die Autorität der Polizei schüchtert uns alle auch irgendwie ein. Ich würde nur zu gerne fragen, was eigentlich los ist. Dass wir von der Schule fliegen, ist mir schon klar, aber warum bewacht uns die Polizei? Haben wir etwas angerichtet? Mir fällt der leere Stuhl in der Lehrerreihe wieder ein und ich komme einfach nicht darauf, wer da sitzen sollte... bei 60 Lehrern ist das aber auch kein Wunder...

Die Tür öffnet sich und Frau Grinz betritt den Raum. Dass die Polizei da ist, scheint ihr auch nicht so recht zu sein, aber sie wagt es nicht, sie aus dem Büro zu bitten, um selbst mit uns abrechnen zu können.

Sie setzt sich uns gegenüber, blickt uns an und meint: «Frau Ziegler wurde soeben tot aufgefunden.»

Ohne eine Begrüßung knallt sie uns diese Information auf den Tisch und mich haut es ebenso um. Ich wundere mich, warum ich noch atme, wie das sein kann und mir bricht nach einer extremen Gänsehaut und einer Kältewelle der Schweiß aus.

«Haben... wir daran Schuld?», fragt Guillotine und ich weiß sofort, was sie meint. Ich hatte Frau Ziegler doch erst neulich mit etwas Unangenehmen konfrontiert. Ist sie deshalb tot? Ist sie uns gefolgt obwohl wir nie wirklich weg waren, sondern mit unserem törichten Vorhaben mehr denn je anwesend und lebendig? Bei all dem Planen unseres «Comebacks» haben wir ganz egoistisch vergessen, verdrängt, ignoriert, dass es da Menschen gibt, denen wir mit unserem, wenn auch nur scheinbaren, Ableben so sehr wehtun... denen wir damit auch die Hoffnung auf etwas Besseres genommen haben.

«Das ist gut möglich», antwortet Frau Grinz total unempathisch und kalt in ernstem Ton und blickt dabei zu einem Polizisten, der das als Aufforderung sieht, weiterzusprechen:

«Nun, das würde ich jetzt nicht so sagen. Schuldzuweisungen führen bei so einem Ereignis auch zu keinem Ergebnis. Ihr habt es in eurem Vortrag so schön vermittelt... da muss mehreres zusammenkommen, damit ein Mensch eine solch endgültige Entscheidung fällt. Es wurde noch kein Abschiedsbrief gefunden und die Untersuchungen laufen noch. Ich kann euch nicht mehr sagen, aber ihr ging es wohl schon eine Weile nicht mehr gut und sie befand sich wohl auch in Behandlung.»

«Danke, dass Sie uns das mitteilen», meint Susanne. «Ich weiß, dass alleine das schon zu viel war und über die Sache mit der Geheimhaltung der Privatsphäre hinausgeht, da meine Eltern ebenfalls Polizisten sind. Dass Sie uns das mitteilen ist entlastend, auch wenn ich mich natürlich ebenso schuldig fühle, obwohl ich erst seit ein paar Stunden mit im Team bin.»

Der Polizist nickt ihr zu und fährt fort: «Trotz allem muss ich euch sagen, dass ihr nicht korrekt gehandelt habt. Einfach wegzulaufen und seinen Suizid vortäuschen, ist keine Lösung. Wir sind natürlich alle froh, dass ihr noch am Leben seid und euch nichts passiert ist...»

«Aber das wird noch ein Nachspiel haben!», mischt sich nun wieder Frau Grinz ein. «Eure Eltern wurden informiert und werden in wenigen Augenblicken hier sein.»

Nach diesem Satz sieht sie nur mich an. Durchdringend. Ich wende jedoch meinen Blick ab, da ich Angst davor habe, dass sie sieht, dass ich mich schäme und schrecklich fühle. Ich habe nicht die Kraft, ihr die Stirn zu bieten und es auch gar nicht vor.

6

Es klopft und noch während Frau Grinz «Herein» ruft, stehen bereits mehrere Leute im Raum, darunter auch meine Mum und Mario, der mit seinem südländischen cappuccinoteint, tief sitzenden Baggyjeans, dem viel zu großen Limp Bizkit Kapuzenpullover und den vielen Piercings im Gesicht schon etwas aus der Reihe fällt. Es ist schon lustig, wie sehr wir uns unterscheiden und dennoch verbunden sind.

Beide wirken recht zerstreut und im Grunde sehr besorgt. Mario bemüht sich zwar um ein Grinsen, aber es wird nur ein unsicher verlegenes Lächeln. Mir geht es ebenso. Meine Mum hingegen hat eine sehr große Sorgenfalte auf der Stirn und ich fühle mich automatisch so schuldig, obwohl auch etwas ganz eigenes in mir davon überzeugt ist, dass unsere Aktion richtig war und ich nicht Unrecht habe.

Mit im Raum befindet sich außerdem noch Regina, die wieder ihr Kleid trägt und damit noch extremer raussticht als Mario. An ihrer Seite steht lässig ein Mann Mitte 30, bei dem es sich wohl um besagten Joe handelt. Ich hatte irgendwie nicht erwartet, dass er älter ist als Regina, aber stören tut es mich jetzt nicht. Mich stört eher, dass er neben ihr aussieht wie ein Rumtreiber in zerschlissenem braunen Anzug, die Hände in den Sakkotaschen vergraben, unrasiert mit zerzaustem dunkelbraunen Haar, bei dem ich mir aber nicht sicher bin, ob das Absicht ist. Mariannes Eltern können ja nicht anwesend sein, da sie irgendwo auf der Welt unterwegs sind. Eigentlich ist es schön, dass die beiden überhaupt hier sind. Marianne selbst hat wohl nichts anderes erwartet, auch wenn ich mir sicher bin, dass sie sich gewünscht hat, dass auch ihre Eltern vorbei kommen könnten... oder zumindest ein Lebenszeichen von sich gegeben hätten.

Die einzigen vollständig anwesenden Eltern sind die von Susanne. Sie sind als erstes auf sie zugelaufen und haben sie wortlos in die Arme geschlossen. Die drei umgibt nun ein warmer Stolz auf ihre Tochter und eine vertraute Verbundenheit. Irgendwie habe ich bei diesem Anblick extrem gemischte Gefühle. Einerseits geht mir dabei das Herz auf, da das die einzige einigermaßen intakte Familie zu sein scheint. Andererseits versetzt mir diese Erkenntnis irgendwie auch einen Stich, weil es allen anderen nicht so geht.

Guillotines Vater zum Beispiel ist überhaupt nicht da und es ist wohl fraglich, ob er noch auftauchen wird. Sie bleibt auf ihrem Stuhl sitzen und beginnt nervös den Nagellack von ihren Fingernägeln zu pulen. Ich stehe nun aber auf und bevor ich zu meiner Familie gehe, nehme ich ihre Hand und bewege sie mit leichtem Zug zum Aufstehen und somit zum Mitkommen.

Meine Mum fällt mir in die Arme, sodass ich dann kurz Guillotines Hand loslassen muss und auch Mario umarmt mich ebeno emotional, was ich ihm gar nicht zugetraut hätte. Guillotine steht daneben und als mich wieder alle losgelassen haben, lege ich meinen Arm um sie und halte sie einfach nur fest. Ich weiß nicht, ob es das ungute Gefühl besser macht, das sie jetzt wohl empfindet, aber ich will ihr zeigen, dass sie dazugehört. Zu mir gehört.

«Das ist Guillotine», stelle ich sie vor. Meine Mum sieht sie zunächst etwas skeptisch an und weiß offensichtlich nicht, was sie von ihr halten soll. Doch höflich wie sie eben so ist, reicht sie dem Mädchen an meiner Seite die Hand und meint: «Ich bin Nikos' Mutter...»

«Und ich bin Mario...»

«Nikos bester Freund», ergänzt Guillotine und schüttelt auch Mario die Hand, den es zu freuen scheint, dass ich Guillotine von ihm erzählt habe. Aber das habe ich umgekehrt ja auch gemacht und mir fällt ein, dass ich mit beiden ja am Freitag in die Stadt gehen wollte... das alles scheint gerade so weit weg zu sein.

Zu uns gesellt sich nun auch noch der Polizist von vorhin und fragt Guillotine, ob sie kurz mitkommen könne. Es geht vermutlich um ihren Vater, der immer noch nicht aufgetaucht ist. Die zwei verlassen den Raum und ich blicke ihr besorgt hinterher, bis sich die Tür hinter ihnen schließt. Dann wende ich meinen Blick wieder meiner Mum zu, die mich scharf beobachtet.

«Nikos... wer ist dieses Mädchen?»

Kurz bin ich versucht, allen mitzuteilen, dass Guillotine meine Freundin ist. Aber nach nicht mal drei Tagen ist das vielleicht etwas zu schnell. Also antworte ich nur: «Unsere Nachbarin und meine neue Klassenkameradin!»

Sie mustert mich immer noch und ich weiß ganz genau, dass sie eigentlich total sauer ist, dass ich ihr so einen Schrecken eingejagt habe. Aber sie sagt nichts mehr. Mario sagt auch nichts mehr. Was soll man auch sagen? Dass dahinter aber die Sorge um mich steckt und eigentlich eine Freude darüber, dass ich noch lebe, kann ich erahnen.

«Tut mir leid ihr beiden...», sage ich also und blicke wieder zur Tür, die sich jedoch nicht öffnet. Im Raum sagt jetzt niemand mehr was und ein sehr betretenes Schweigen macht sich breit. Alle scheinen auf irgendetwas zu warten.

Ich beobachte Marianne, die wieder wie paralysiert wirkt. Das hat vermutlich mit dem Tod von Frau Ziegler zu tun. Am liebsten würde ich zu ihr gehen und irgendetwas sagen... aber ich bin selbst schockiert und habe, obwohl ich nicht weiß, wie ich mit dieser Last leben soll komischerweise mal nicht das Bedürfnis mich umzubringen. Wollte ich es jemals wirklich? All die Gefühle, die Guillotine in ihrem Text so genau beschrieben hat, kenne ich zu gut. Aber ich habe es nie ernsthaft versucht. Ist das Stärke? Abwarten und aushalten? Denn was habe ich denn schon getan, außer versucht zu verschwinden und mich unsichtbar zu machen, still alles über mich ergehen zu lassen?

Durch Guillotine habe ich eher den Mut gefunden, auch mal etwas beizutragen. Dass Frau Ziegler sich unter anderem auch durch meinen Beitrag das Leben genommen hat, trifft mich allerdings auch extrem, jetzt wo mir wieder bewusst wird, dass sie nie wieder eine Klasse unterrichten wird.

Wenn ich an mein zukünftiges Verhalten anderen gegenüber denke, bin ich hin- und hergerissen zwischen schweigen, verschwinden und reden. Spuren im Leben anderer hinterlassen. Existieren. Und das Böse in mir sagt, dass ich immer schon ein Versager war, bin und auch in Zukunft besser mal still sein sollte, bevor ich noch mehr Menschen ins Unglück stürze. Außerdem versucht es mir einzureden, dass mein Beitrag zu dem Thema wohl sowieso niemanden interessiert hat und sich nichts an dem Verhalten meiner Mitschüler ändern wird. Warum sollte auch all das etwas genutzt haben? Ich zweifle gerade wieder so sehr und ich merke, dass das meine größte Angst ist.

Das wirklich Schreckliche zu all dem ohnehin schon Schrecklichen ist, dass meine Geschichte wohl nicht die erreicht, die es sollte. Die lachen nur über uns und meinen wie Patrick: «Ach, die Spastis hätten sich doch eh nie umgebracht! Solche Loser! Schaffen nicht mal das Ende!»

‹Aber warum ist das so?› Das ist eine der Fragen, die mich wohl mein Leben lang begleiten werden, weil ich verdammt noch mal einfach zu sensibel bin. Ich frage mich: Warum gibt es Menschen, die anderen so das Leben erschweren, zur Hölle machen? So was kann doch nicht unabsichtlich geschehen! Also wissen sie das alles ganz genau, gewiss. Sei es aus sadistischer Freude oder das Resultat eigener Probleme. Aber das ist keine Entschuldigung und kein Freibrief, das alles herunterzuspielen, wie ich selbst es vermutlich die ganze Zeit getan habe.

Ich wusste natürlich, dass all das Mobbing war. Was sollte es auch anderes sein? Wenn man teilweise mit verheulten Augen von der Toilette kommt, sich das Leid aus der Haut schneiden will und das alles bedeckt mit Verbänden und Armbändern und einem gleichgültigen

Gesichtsausdruck, der einen immer tiefer in diesen Sog nach unten zieht. Wenn alles am Wesen schreit: «Hört auf, lasst mich! Lasst die Sticheleien und mir endlich meine Ruhe!» Und genau das Gegenteil eintritt. Man wird immer und immer wieder Opfer, bis man sich tatsächlich irgendwann fragt, ob das vielleicht alles so sein muss und man es nicht anders verdient hat?

Mir wird irgendwie erst jetzt das Ausmaß all dessen bewusst, was mir widerfahren ist. Ich habe nicht mal beim Schreiben meines ersten Abschiedsbriefes begriffen, dass das alles nicht so sein muss und es nicht okay ist, was man mit mir macht. Tief in mir habe ich es zwar gespürt, denn schließlich ging es mir schlecht. Sogar so schlecht, dass ich oft sterben wollte. Stattdessen hab ich mich bestraft, verletzt, mich meinem Selbsthass hingegeben. So habe ich es nie geschafft mich zu wehren und Grenzen zu setzen. Es hat irgendwann angefangen und ich habe nie etwas gesagt. Es wurde Normalität. Es schlimm zu finden erschien mir so weit weg. So bin ich zum Spielball aller geworden von der ersten Klasse an. Doch hätte es denn etwas geändert, wenn ich mich von Anfang an gewehrt hätte? Woher hätte ich all das denn wissen sollen? Ich war ein Kind und hatte keine Ahnung.

Doch hätte ich es besser gewusst... wäre ich denn überhaupt imstande gewesen, mich rechtzeitig zu wehren und den Mobbern Einhalt zu gebieten? Das ist nämlich leider etwas, das kein Lehrer für mich übernehmen kann. Nur ich selbst kann das tun und meine Grenze formulieren. Wenn diese nicht ankommt, wird es Zeit, mit jemandem zu reden, der einem da helfen kann.

‹Und wenn auch das nichts bringt?› fragt mich meine zweifelnde innere Stimme. Ich weiß nicht, was ich ihr antworten soll, denn ich will nicht glauben, dass es da keinen Ausweg gibt. Und ich will auch nicht glauben, dass jemand so böse sein kann. Dass er die Konsequenzen seines Handelns nicht sehen will, selbst wenn sie so offensichtlich sind... ich will gar nicht glauben, dass es solche Menschen gibt... ich will an das Gute glauben...

Ich weiß selbst, dass ich jetzt nicht zu viel erwarten darf. Aber ich wünsche mir dennoch, dass Menschen wie Patrick einen Sinn für ihr Handeln entwickeln. Am besten schon vor all dem Mobbing. Oder auch noch währenddessen. Ein wenig Reue zeigen. Ein wenig Akzeptanz zwischen Menschen...

7

«Nikos?» Vor meinem Gesicht wedelt Mario mit seiner Hand herum, um meine Aufmerksamkeit zu erregen.

«Ich fühle mich verloren», spreche ich meinen Gedanken einfach aus. Nun sehen mich alle besorgt an und ich würde dennoch so gerne sagen, über was ich mir noch so alles Gedanken mache. Was mich beschäftigt und belastet... aber es geht nicht. Denn was würde es ändern? Werden sie Patrick zu einem besseren Menschen machen können? Werden sie die Zeit zurückdrehen können, um Frau Ziegler zurück zu holen?

«Red' keinen Unsinn!», meint meine Mum.

«Das ist kein Unsinn!», entgegne ich ihr energisch. Ich merke, wie mich dieses Unverständnis von dem ich dachte, dass es mich einfach nur deprimieren würde, nach all dem was war, nun irgendwie aggressiv macht.

In diesem Moment geht die Tür auf und Guillotine betritt den Raum mit ihrem Vater. Der Polizist tritt zuletzt herein und schließt sie hinter sich.

Nun, da scheinbar alle versammelt sind, ergreift Frau Grinz wieder das Wort: «So, da jetzt bei allen jemand anwesend ist, wird es Zeit, das zu beenden. Die vier Schüler Nikos, Marianne, Susanne und Guillotine haben sich heute etwas geleistet, das ich hier an dieser Schule nicht dulden kann. Ich verweise sie also ausnahmslos von der Schule.»

Meine Mum seufzt. Sie hört diese Worte ja nicht zum ersten Mal. Von allen anderen Schulen bin ich ja auch geflogen. Allerdings wegen den Noten und nicht, weil ich eine Schulveranstaltung zu Ehren meines Suizids sabotiert habe, indem ich einfach lebend aufgetaucht bin.

Guillotines Vater seufzt ebenfalls.

«Du hast nicht mal drei Tage ausgehalten! Wie willst du denn im Leben klar kommen?!»

Wären diese Worte nicht von ihrem Vater, so würde sie vielleicht sogar etwas Angemessenes antworten. Sie schweigt aber. Ich habe nun irgendwie das Bedürfnis, ihn zurück anzugiften, er solle doch selbst mal klar kommen. Aber ich denke mir, dass ich mich da lieber nicht einmische. Immerhin sieht er mich das erste Mal heute und weiß vermutlich nicht, was ich eigentlich alles über ihn weiß.

Regina und Joe fühlen sich wohl irgendwie fehl am Platz, denn sie blicken nur betreten zu Boden. Doch Marianne ist wieder aus ihrer Trance erwacht und meint bloß: «Schön, dann muss ich ihnen nicht schriftlich mitteilen, dass ich an so einer Schule weder Schulsprecherin noch Schülerin sein möchte. Mir tut es unendlich Leid, was geschehen ist mit Frau Ziegler und ich fühle mich schuldig. Aber genau so sehr bin ich enttäuscht von Ihnen als Rektorin. Sie können nicht überall sein, das weiß ich. Aber Ihnen fehlt es meiner Meinung nach an dem Blick für das Offensichtliche. Den habe ich auch nicht immer, den kann *keiner* immer haben. Aber zumindest lüge ich nicht, um mich besser dastehen zu lassen als ich bin und einen Schein zu wahren, der einfach nicht echt ist. Sie haben mein Vertrauen verloren.»

Auf diese kleine Ansprache war Frau Grinz nicht vorbereitet, doch sie grinst einfach nur und erwidert nichts. Man könnte da jetzt reininterpretieren, was man will. Ist sie zu doof? Will sie das Gehörte nicht an sich ranlassen? Bricht sie heulend zusammen, wenn wir alle ihr Büro verlassen und fühlt sich eigentlich auch schuldig?

«Haben Sie verstanden, was Marianne gesagt hat?», frage ich nun also, weil es mich brennend interessiert, was einen Menschen dazu bewegt, so auf ein ehrliches Feedback zu reagieren oder eher… nicht zu reagieren.

«Ja, Nikos, das habe ich.»

«Und Sie haben dazu nichts zu sagen?»

«Nein. Das ist meine Schule. Ich führe sie, wie ich es für richtig halte.»

Ich schüttle den Kopf und fühle mich gleichzeitig sehr elend, weil ich ihr jetzt noch mal die Chance gegeben habe, in sich zu gehen und ehrlich zu sich selbst zu sein und sich mitzuteilen. Und sie hat sie nicht genutzt. Ob sie das nun absichtlich so macht, weil sie es für richtig hält, oder ob sie gar nicht in der Lage dazu ist, mal in sich zu gehen, werde ich auf diese Weise jedenfalls nicht erfahren.

«Nun gut, hat mir noch jemand etwas zu sagen? Ansonsten bitte ich Sie nun, mein Büro zu verlassen. Es ist schon spät. Ihre Sachen können Sie morgen abholen. Vergessen Sie auch nicht die Spindschlüssel und Bücher im Sekretariat abzugeben.»

Wir vier Revolutionäre sehen uns an, und schütteln nun alle verständnislos den Kopf. Marianne steht als erstes auf und stürmt regelrecht auf die Tür zu. Doch ich erwische sie noch am Handgelenk und als sich unsere Blicke begegnen, löst sich etwas ihre Anspannung. Zum Abschied nehmen wir uns alle in den Arm, da wir nun doch einiges zusammen erlebt haben. Danach treten wir hinaus in ein Leben, dessen Gleichung jetzt sogar noch mehr Unbekannte hat als vorher. Aber dafür ist alles offen und die Zeit ist reif für einen Neuanfang. Zum wiederholten Mal. Aber wer sagt einem, dass Umwege nicht erlaubt sind, wenn sie zu einem Selbst führen?

epilog

Einen Tag später

Marianne, Guillotine und ich stehen vor unserer alten Schule, die schon jetzt so fremd wirkt, als wären wir seit Wochen nicht hier gewesen.

«Sorry ihr drei, diesmal bin ich zu spät!», ruft uns Susanne zu, mit der wir verabredet sind. Marianne hat den Vorschlag eingebracht, dass wir uns alle gemeinsam an unsere letzte Tat machen sollten und es war eine gute Idee. Für mich ist dieses Zusammensein in einer Gruppe ein ganz neues Gefühl. Dass ich der einzige Junge bin, stört mich auch gar nicht. Es fällt mir ehrlich gesagt erst jetzt auf.

«Also dann, auf in den Kampf!», meint Guillotine, die meine Hand hält. Die letzte Nacht hat sie bei mir verbracht. Das schien uns allen irgendwie sicherer.

Das Schulhaus wirkt in der Stille wie ausgestorben, da alle im Unterricht sind. Während ich also ein letztes Mal den Duft des Gummibodens im Hauptgang einatme und mich in die Richtung meines Schließfachs bewege, fühle ich mich noch fremder. Aber das ist okay. Ich bin ja auch fremd hier.

Als ich meinen Spind öffne, fallen mir mehrere Zettel entgegen. Bei Guillotine ebenfalls. Ich bücke mich, um sie aufzuheben und stelle fest, dass das alles Briefe von Schülern sind. Ein paar sind von vorgestern, als wir uns umgebracht haben und einige sind Feedbacks zu unserer gestrigen Vorstellung. Mich freut es irgendwie total, dass einigen Schülern das alles wirklich so nah gegangen ist und es ihnen wichtig genug ist, dass sie das auch noch schriftlich kommunizieren. Sicherlich ist nicht alles davon positiv, aber das bin ich ja gewohnt.

«Was ist das?», fragt Guillotine, die sich das Papier auf dem Boden ansieht.

«Das sind wohl alles Briefe von Schülern... zu unserem Selbstmord.»

Nun bückt sie sich ebenfalls und wir sammeln gemeinsam das wertvollste auf, das gerade unseren Spind gefüllt hat. Der Rest sind Bücher und wie ich jetzt bemerke immer noch seltsame Kunstprojekte.

«Oh je, ich glaube du musst mir tragen helfen... das ist Kunst und muss weg. Aber ich will es nicht wegwerfen...», meine ich zu Guillotine und sie nickt lächelnd.

«Na, habt ihr alles?»

Susanne und Marianne stehen nun wieder vor uns und scheinen gar nicht so viel in ihren Fächern gelagert zu haben. Ich habe das irgendwie total ausgenutzt und vielleicht auch etwas überstrapaziert, wenn ich mir den ganzen Kram in meiner und in Guillotines Hand ansehe, die mir tragen hilft.

Im Sekretariat erwartet uns schon der Sekretär, dem Marianne und ich gestern auf dem Gang begegnet sind.

«Aaah, ihr seid's! Schlüssel- und Bücherangabe?»

Wir nicken und legen alle unsere Bücher auf den Tisch und den Schlüssel oben drauf.

«Gut gut...», meint der Sekretär bloß und hakt auf seiner Liste ab, kontrolliert, ob die Bücher beschädigt sind und meint irgendwann beiläufig und ganz leise, sodass nur wir es hören: «Ihr wart übrigens klasse!»

«Danke...», meint Marianne und als es dann nichts mehr zu tun oder zu sagen gibt, verabschieden wir uns auch wieder und begeben uns auf den Weg aus dem Schulhaus, bevor es zur Pause klingelt. Keiner von uns hat große Lust, auf die anderen Schüler. Die Stimmung ist eher eine Aufbruchstimmung vermischt mit einem Abschied. Aber hier ist keiner mehr, von dem wir uns verabschieden wollen.

Doch wie das so ist, steht da ein einziger Schüler vor einer Klasse und tippt auf seinem Smartphone herum. Als er zu uns rüber sieht, erkenne ich die kalten Züge Patricks und habe wie immer das Bedürfnis ganz spontan umzukehren, zu flüchten, ihm aus dem Weg zu gehen. Wegzulaufen. Vor allem jetzt nach dem, was er nun über mich weiß. Doch mit den anderen an meiner Seite erscheint mir das unmöglich. Die drei Mädchen haben ihn ebenfalls erkannt, lassen sich aber nichts anmerken. Ich jedoch spüre, wie ich immer langsamer werden will und jeder Schritt mir so vorkommt, als würde ich einen Hang hinaufgehen, der immer steiler wird bis ich senkrecht an einer Wand stehen bleibe. Und ich bleibe stehen und fühle mich so angespannt, als würde ich fallen, wenn ich jetzt loslasse.

Allerdings bleiben die anderen irgendwann wirklich vor ihm stehen. Guillotine ist mal wieder die Erste, die etwas sagt: «Hallo Patrick»

Ich würde ihr am liebsten sagen, dass sie das echt lassen sollte, da es zwecklos ist, mit diesem Menschen ein Gespräch anzufangen. Aber mir fehlen mal wieder die Worte.

Zu meiner großen Überraschung jedoch grüßt Patrick zurück: «Hallo Guillotine. Hallo Nikos. Marianne. Susanne...» Er nickt jedem von uns zu und ich sehe auf einmal in ein ganz anderes Gesicht. Eines, das mich nicht mehr kalt anblickt... oder zumindest bin ich mir nicht mehr sicher, ob diese Kälte wirklich Ablehnung und nicht eine Art Schutz ist. Eine Angst vor der Anklage und der Scham, die wir dem Menschen hinter dieser Maske bereiten könnten. Vielleicht hat Guillotine doch keinen Fehler begangen, indem sie ihn begrüßt hat? Sie geht sogar weiter: «Ist alles klar bei dir?»

Patrick deutet zunächst ein Nicken an, hält dann jedoch inne und schüttelt den Kopf, sagt aber nichts weiter dazu. Er weicht nur meinem Blick aus und tippt wieder auf seinem Handy rum.

Nun liegt da so viel Unausgesprochenes in der Luft, doch keiner sagt etwas. Patricks Abwehrhaltung ist wieder aktiv und will am liebsten, dass wir gehen. Mir wird das unangenehm und ich will eigentlich auch gehen. Aber da kommt mir wieder in den Sinn, dass man das nicht immer machen sollte, wenn einem danach ist. Ich sollte es jetzt nach all dem, was geschehen ist, doch eigentlich besser wissen. Ich sollte hingehen und etwas sagen, ihm weiter einen Zweig reichen wie Guillotine es begonnen hat. Denn nur so kann man sich an manche Menschen Stück für Stück annähern. Aber mir wird bewusst, dass ich ihn einfach nicht leiden kann. Und das beruht auf Gegenseitigkeit. Oder?

«Weißt du... wir müssen keine Freunde werden...
aber auch keine Feinde sein», meine ich also und reiche Patrick meine Hand. Überraschenderweise nimmt
er sie, nachdem er sie eine Weile angesehen hat und
sieht mir dann in die Augen. Ich muss mich beherrschen, nicht weg zu sehen, da mir das alles nach wie
vor Angst macht.

Unsere Hände lösen sich und Patrick blickt wieder in
sein Smartphone. Die drei Mädchen und ich sehen das
als Aufforderung die Schule nun zu verlassen.

Als wir schon ein paar Meter weit gegangen sind,
höre ich hinter mir ein leises «Sorry, Alter...» Ich drehe mich um und frage mich, ob ich mich verhört habe, denn Patrick blickt immer noch in sein Handy und
scrollt seine Facebookneuigkeiten rauf und runter, einfach um mir jetzt nicht mehr ins Gesicht blicken zu
müssen. Irgendetwas in mir will das eigentlich unkom-
mentiert und ihn damit auch stehen lassen, doch ich
besinne mich, denn eigentlich weiß ich es jetzt besser
und antworte: «Ich kann dir jetzt noch nicht verzeihen.
Aber ich bin echt froh, dass du so reagierst. Das macht
mir Mut und ist echt stark! Ich danke dir dafür, Patrick,
ehrlich!»

Die Spindschlüssel haben wir also abgegeben und ich
frage mich, ob wir auch wirklich etwas bewegt haben.
Patrick hat es uns soeben zwar bewiesen, aber was ist
mit all den anderen, die sich Opfer aussuchen aus Spaß
oder Langeweile? Wird sich da jemals etwas ändern?
Wie weit sind wir wirklich in die Köpfe unserer Mitschüler vorgedrungen? Oder werden die, die nach uns

die Spinde belegen und auf diesen Stühlen im Physikraum sitzen, gar nicht wissen, dass es uns gab? Die
Revolutionäre der Bullet Madness. Von Selbstverwirkli-
chung, Selbstzerstörung, Selbstmordgedanken und dem
Wunsch nach einem anderen Leben getrieben...

Ich wünsche mir so sehr, dass wir nicht in Vergessen-
heit geraten. Und wenn doch, dann hoffe ich zumindest, dass unsere Philosophie weiterlebt, ihre Bahnen
zieht und die erreicht, die sie brauchen.

Drei Jahre später

Marianne, Guillotine und ich haben dann doch noch unseren Abschluss an einer anderen Schule geschafft und mittlerweile wohnen wir zusammen in einer WG. Finanziert wurde sie anfangs durch Mariannes Eltern. Das war ihr zunächst gar nicht recht, aber letztendlich hat sie eingesehen, dass diese finanzielle Starthilfe sehr wichtig für uns alle war. Von dort aus konnten wir beginnen, unser Leben zu leben, wie wir es uns wünschen und leben nun auch unabhängig von allen anderen. Dass es Marianne belastet, auf das Geld angewiesen gewesen zu sein, hat sie uns erzählt und sie kann auch nicht verstehen, wie ihre Schwester Regina damit klar kommt. Aber dass wir alle was davon haben und das Geld somit etwas Gutes für uns war, freut sie wiederum.

Regina hat es mittlerweile geschafft, ganz vom Alkohol weg zu kommen. Joe unterstützt sie, in dem er auch nichts mehr trinkt. Beide haben neue Ansichten zum Leben bekommen und reisen mit dem Geld der Eltern durch die Welt. Sie wird wohl mit ihm auch den Familienbetrieb weiterführen, sobald sie wieder da ist. Denn Marianne will nämlich ihren eigenen Weg gehen, ist aber auch viel unterwegs und engagiert sich politisch.

Guillotine hat ein freiwilliges soziales Jahr in einem Kindergarten für sozial schwache Migrantenkinder absolviert. Sie hat es nicht leicht dort, kann sich aber gut in sie einfühlen und begleitet diese auch weiterhin während ihrer Ausbildung zur Erzieherin, wo sie zwar erst mal nichts verdient, aber dafür extrem aufblüht. Nebenher bildet sie sich mit pädagogischen Büchern weiter und hat den Wunschtraum, auch mal Psychologie zu studieren oder zumindest eine psychologische Ausbildung zu machen. Wie sich das umsetzen lässt, wissen wir noch nicht, aber das werden wir dann sehen, wenn es soweit ist.

Und ich bin nach etwas Therapie Schriftsteller geworden. Offiziell. Wie es dazu kam? Ich wohnte noch längere Zeit bei meiner Mum und eines Tages stand mein Vater vor der Tür. Er hatte mich im Fernsehen gesehen und wollte mir zuerst eine Standpauke halten. Doch ich habe ihn unterbrochen und ihm meine bisherige Lebensgeschichte zum Lesen gegeben. Ich hatte es also geschafft ein Buch zu Ende zu bringen. Und er war begeistert. Wir fanden einen Verlag und mein Buch hält sich schon lange sehr weit oben. Ich habe ihm nicht direkt verziehen, aber festgestellt, dass ich mir auch nie die Mühe gemacht habe, an ihm das kennen zu lernen, was ich als Kind einfach nicht sehen konnte oder wollte. Im Gegenzug hatte ich ihn bis dato auch nicht wissen lassen, was ich wirklich bei seinem Verschwinden gefühlt habe.

Meine Mum zog im Übrigen in eine kleinere Wohnung und hat seit neuestem einen Freund. Unser Verhältnis war ja nie schlecht, aber jetzt ist es um Längen besser. Ich habe wohl durch all das den Mut zu mir selbst gewonnen und das merkt man auch im Umgang mit mir. Ich bin viel sicherer und gefestigter.

Mit Mario bin ich auch weiterhin befreundet, allerdings haben sich unsere Wege vorerst getrennt, ebenso wie seine Eltern. Vorübergehend ist er zwar hier geblieben und hat die Schule beendet, aber der Kontakt wurde immer weniger, als bei ihm der Abschlussstress eintrat. Das ist zum einen sehr schade, aber ich weiß, dass er immer da sein wird. Und das werde ich auch sein.

Hin und wieder überkommen mich natürlich auch nach wie vor die Zweifel und Guillotine ebenso. Sie fixiert sich dann ganz auf den Wunsch, etwas zu verändern und fragt mich: «Nikos, wofür kämpfen wir? Was wird sein, wenn uns doch niemand hört und wir einfach nur wie alle anderen arbeiten und unseren Job machen, aber nichts erreichen? Wenn das alles doch keinen Wert hat? Was haben wir dann noch? Was ist dann noch der Sinn?»

Ich antworte:

«Wir haben nicht nur das. Wir haben uns...»

```
Irgendwann...
```

Ich schreibe wieder einmal am PC. Und wie so oft am Anfang will mir kein Satz gelingen und ich schreibe und lösche und schreibe und lösche,... da höre ich sie: Die Worte, die meine Muse ausgelöst haben. Dieser eine Satz, mit dem alles begann und der mich wohl mein Leben lang daran erinnern wird, was alles möglich ist:

«Nikos? bringst du bitte den Müll raus?»

nachwort

Natürlich haben sich nicht alle Geschehnisse in diesem Buch so auf diese Weise zugetragen. Doch obwohl die Geschichte von Nikos und Guillotine eine Fiktion ist, so ist dennoch viel zu vieles davon wahr. Vor allem aber die Gedanken des Ich-Erzählers.

Mobbing ist wahr, wirklich und wahrhaftig und all das Leid, das Nikos erfahren hat, war jahrelang auch mein Leid. Der gebrochene Arm, die Centstücke, die Ecke hinter der Tür auf dem Pausenhof, das Gerede der letzten Reihe, die Angst zu sprechen, ein Junge wie Patrick...

Das ist *real*. So etwas geschieht wirklich. Und mit Gewissheit auch Schlimmeres.

Mit diesem Buch möchte ich ein für allemal damit abschließen. Wäre ich fähig gewesen, es vor über zehn Jahren zu beenden, hätte es wohl nicht dieses positive Ende gefunden. Dass ich noch lebe und das auch noch gerne, ist wohl der beste Beweis dafür, dass sich Situationen – wie schlimm sie sich auch im Moment des Erlebens anfühlen mögen – auch ändern können!

Manche Dinge brauchen seine Zeit... und es braucht seine Zeit um zu erkennen, was Leben eigentlich bedeutet, wer man ist, was man will und welche Rolle man in dem Leben anderer spielt.

Was ich mir für euch wünsche:
Dass ihr es auch erkennt!

Lui Demmler, 1990 in Villingen-Schwenningen geboren, hat mit dem Schreiben im Alter von etwa 13 Jahren angefangen, um den diffusen Gedanken und Gefühlen in ihr eine Form zu geben, sie zu benennen und später auch zu verarbeiten. In der 8. Klasse ist sie wegen schlechter Noten von der Realschule auf die Hauptschule gewechselt, wo es mit dem Mobbing zwar nicht anders war, aber dafür mit den Noten. Dort hat sie die Schülerzeitung für sich entdeckt, wurde Chefredakteurin und wollte daraufhin «irgendwas mit Schreiben» machen. Da das ohne Abitur aber unmöglich schien, hat sie sich bis zum Sozialpädagogischen Gymnasium hochgearbeitet, ist jedoch in der 12. Klasse an den zu hohen Anforderungen und Depressionen gescheitert.
Heute ist sie Fotografin und Bildbearbeiterin, hat das Schreiben aber nie ganz aufgegeben. Seit 2008 bloggt sie unter dem Pseudonym *Journey* über «alles und nichts».

«Das Spiel mit dem Tod» hat Lui 2007 begonnen. Im selben Jahr hat das erste Kapitel einen Anerkennungspreis beim Kulturpreis Schwarzwald-Baar gewonnen. Über zehn Jahre später hat sie es wieder hervorgeholt und beschlossen, es angemessen zu beenden. Für sich und all jene, die Nikos' Welt nachempfinden können oder sich auf das Thema Mobbing und Suizid einlassen wollen. Vielleicht hat sie es auch ein wenig für all jene geschrieben, die sich darauf einlassen sollten...